博瑞森图书 BRACE

企业阅读 本土实践

管理·人文·生活

建材家居营销
除了促销还能做什么

孙嘉晖 ◎ 著

建材家居行业营销的革命

企业管理出版社
ENTERPRISE MANAGEMENT PUBLISHING HOUSE

图书在版编目（CIP）数据

建材家居营销：除了促销还能做什么/孙嘉晖著. —北京：企业管理出版社，2017.10
ISBN 978-7-5164-1598-6

Ⅰ.①建…　Ⅱ.①孙…　Ⅲ.①建筑材料-销售-方法　Ⅳ.①F765

中国版本图书馆 CIP 数据核字（2017）第 245729 号

书　　名：	建材家居营销：除了促销还能做什么
作　　者：	孙嘉晖
责任编辑：	张　平　程静涵
书　　号：	ISBN 978-7-5164-1598-6
出版发行：	企业管理出版
地　　址：	北京市海淀区紫竹院南路 17 号　邮编：100048
网　　址：	http：//www.emph.cn
电　　话：	编辑部（010）68701638　发行部（010）68701816
电子信箱：	qyglcbs@emph.cn
印　　刷：	北京富泰印刷有限责任公司
经　　销：	新华书店
规　　格：	170 毫米×240 毫米　16 开本　14.5 印张　187 千字
版　　次：	2017 年 10 月第 1 版　2017 年 10 月第 1 次印刷
定　　价：	98.00 元

版权所有　翻印必究·印装有误　负责调换

导言

■ 一、本书的写作初衷

关于家居建材行业营销,特别是针对方法论和操作细节的书籍已经足够多了,这里不再重复。笔者曾经从事过机械、电子、通信、物流、快递等多个行业的营销和管理工作,加之在家居建材行业里的木业、厨卫、安防、家具、贸易、采暖等细分行业的经历,算下来也有二十几年了。客观地说,家居建材行业营销工作水平相对于其他行业应该处于中等水平,不先进也不落后,但问题是我们的营销模式基本上停滞了。以木地板和家具行业为例,自从二十世纪前十年甲醛风暴刮过之后,也就只剩下促销活动了,曾经使业者趋之若鹜的整体家居和电商营销也是举步维艰,而且近一两年电商也在大步后退。

迫于经营的压力,我们沉浸于日常的营销工作,反而对关键的行业营销本质的思考少之又少。为了降低成本和风险,我们习惯于模仿其他家电、汽车、食品等貌似雷同的行业,而又迷失于简单的模仿中,失去了对营销和行业双重本质的把握，甚至困惑于应该学谁、不应该学谁。

在互联网时代，我们总想"一口吃个胖子"，这种心态和理智思维之间的矛盾使我们进退维谷，甚至有些不知道营销该怎么做了，那个看不到的"营销天花板"好像离我们也越来越近了。

本书试图探索一个"革命"，一个家居建材行业营销的"革命"，特别是革命的方向和缘由。让我们从零开始，从营销和行业的本质开始，通过回顾和思考来找寻行业"营销天花板"的突破口，实现家居建材行业的营销革命，抑或仅仅是适度的改良也是好的。

二、本书给谁看

笔者本来就不想此书包罗万象，如果您能从中得到一两点体会，笔者也就很欣慰了。如果您是以下人员之一，那此书肯定非常适合您：

1）家居建材行业的企业家、管理层。
2）家居建材行业的营销人员、销售总监等。
3）行业内的渠道经销商。
4）行业协会和相关其他从业者。

还有其他人员也可参考此书：

1）家居建材市场部、营销人员等。
2）家居建材销售终端的销售人员等。

三、本书的特点

首先，本书不是工具书。本书旨在传达可以举一反三的思想，而不作为亦步亦趋的操作手册，主要的目的是希望引起读者的思考并能够使读者在自己的实际工作找到目标、方向和路径，而不是告诉如何迈过眼前这条沟。虽然书中也会涉及一些具体的操作方法，笔者还是希望读者能够因地制宜地看待这些方法。

其次，书中包含了大量的案例，均是笔者经历过的真人真事。即使出于一些考虑隐去了企业、人物的名称，也请大家相信案例的真实性。笔者更加希望的是这些案例能够供您借鉴，给您带来一些启发，不再重复前人的失误，这才是这些案例的真正意义。

最后，做加法。营销是一门艺术，而不是科学，这里面没有标准答案。书中提出的很多解决方案只是基于笔者的经验和思考，未必适用于所有人，而且还故意让某些"答案"留有余味，希望能够引起各位读者的思考，让读者自行补充。笔者的答案能够给大家添砖加瓦也就足够了，就像笔者在给营销人员进行培训时经常说的第一句话："我是做加法来的。"

目 录

导　言

第一章　建材家居行业现状：繁荣后的寂寥

　　第一节　一个真实故事的领悟 / 002
　　第二节　行业路径，一起走过的日子 / 010
　　第三节　行业的格局 / 015
　　第四节　思考和回答 / 027

第二章　销售与营销：卖货就是硬道理

　　第一节　新常态：销售的困境 / 034
　　第二节　先从简单的营销切入 / 057

第三章　建材与装饰：我们是卖什么的

　　第一节　为什么要装修 / 068

第二节　为什么德国和日本的家装这么火 / 075

第三节　我们到底在卖什么 / 078

第四节　生存还是死亡？这是一个值得
　　　　思考的问题 / 082

第四章　从产品到商品：实与虚的纠结

第一节　位置决定想法：商品的不同属性 / 090

第二节　虚实兼备：不"裸奔"的哲学 / 096

第三节　一站式、一体化装修解决方案，
　　　　叫好不叫座 / 103

第四节　商品哲学 / 116

第五章　线上与线下：等死还是找死

第一节　家居建材和装修装饰行业可以做
　　　　电商吗 / 128

第二节　经销商的愤怒 / 134

第三节　触网，需要一点门道 / 139

第六章　产业链：从产品营销到全流通

第一节　两大理论的碰撞 / 150

第二节　实体产业的思维误区 / 154

第三节　有机的分销渠道 / 164

第四节　大流通 / 178

写在后面："革命尚未成功，同志仍须努力"

建材家居营销：除了促销还能做什么

第一章
建材家居行业现状：繁荣后的寂寥

第一节 一个真实故事的领悟

■ 一、PD 地板的故事

PD 地板（以下简称 PD）是一家木地板企业，是行业的先行者和领导者之一，曾经开创了行业内多个"第一"，如第一个从欧洲引入强化木地板，第一个引入木地板健康的概念，PD 地板还是率先引入锁扣企业，其促销活动的模式为行业内教科书式的经典。

它的发展经过了两个十年的阶段，在完成了第一个十年的发展之后，又率先引入了实木复合地板的品类。第二个十年，在巩固木地板产品市场的同时，又发展了家具、衣柜、木门等品类，向着综合性木业企业的发展大步前进；与此同时，它的分销网络遍布全国，2000 家以上的高品质终端店面在经历凤凰涅槃后纷纷成为各个建材市场的标杆；金字塔式的区域独家代理模式，团结了一大批具有极高忠诚度和素质的经销商；其 PD 品牌业已成为行业的领导者，基于品牌忠诚度、品牌知名度、品牌品质、品牌联想四个维度的品牌资产已超过一百亿……一切好像顺风顺水，美好前景广阔，然而问题来了。

1. 产能和库存

经过第一个十年的快速发展和资本的累积，PD建设了大型的生产工厂，形成了数千万平方米的产能，然而因为工厂、渠道、市场的物流配置错位，如何消化工厂产能一直是令企业管理层头痛的问题。各级经销商作为市场和厂商之间的纽带，不得不承担起了消化库存的艰巨任务。很多时候渠道的库存远远大于市场销售的单位时间流量。经销商们因为中间库存巨大而占压了大量资金，却敢怒不敢言，这其中的原因就是PD"店大"和金字塔式的渠道模式。

2. 促销活动

"不促不销"在这家企业表现得最为彻底。以往促销活动的成功模式也教育了消费者，使客户们纷纷捂着钱包，等着下一场促销活动。PD推出的高端实木复合地板和其他品类的高端产品也深受其害，不得不连续推出低端产品来迎合"促销客户"，本来设计利用高端产品提升品牌和企业层级的初衷也未能实现。

3. 吃老本

PD经过第一个十年的艰苦创业，通过持续不断的市场推广和对市场机遇的把握，将其品牌打造成了行业的领导者之一，地位可以说是笑傲江湖，无法撼动。然而在第二个十年里，尽管尝试了各种途径，它的品牌营销始终仍无法实现突破，甚至出现品牌老化的危险。与此同时，企业庞大的省分公司和经销商群体却在试图更多地从品牌中汲取更多的价值以转换为销量和利润，对品牌的成长关心不够。因此，PD的品牌处于一种维持状态，面对市场上层出不穷的新兴竞品，显得有些后继乏力，在营销模式和品牌塑造上有些"老态龙钟"。

4. "中年危机"

经销商群体也出现了问题，当年参与创业的老一代人大都年过不惑、功成名就。一些人满足于"老婆孩子热炕头"，另一些人完成资本积累之后将资金投入到了房产等更高利润的行业，对本业反而有些漠不关心了。在市场和竞品的压力下，渠道营销队伍变得涣散，失去了以前众志成城的精神。

5. 业务拓展

为了实现业务突破，PD 在木业内不断进军新的产品领域，如高端木地板、木门、家具、衣柜等，但是新的业务模块长期增长缓慢，利润不佳。为了适应互联网大环境开发的电商业务，也因为家居行业的特性和传统渠道的冲突而处于十分尴尬的境地。

■ 二、得与失的领悟

1. 还能走多远

从案例中可以看出，经过 20 年的快速发展，PD 在生产、物流、营销、渠道等方面均出现了明显的"中年危机"。造成这个危机的原因既有原始商业模式的因素，也有很多民营企业所共有的营销和企业运营的问题。有一句名言："胜利的取得要看哪支军队犯的错误少一些。"与众多行业内外的企业去进行横向比较，应该承认 PD 的问题并不是最严重的，甚至从行业环境的角度来看还是不错的，问题是这些问题是否会持续甚至恶化，PD 的应对措施是什么，最后决定了 PD 还能在此道路上走多远，会不会还有第三个十年。

我判断，PD 会有第三个十年，但是日子并不好过，因为任何内部突发事件或外界环境的恶化都会造成企业致命的危机。事实上，PD 管理层在企业建立第 15 年的时候就已经意识到了这些问题，并试图采取一些措施去解决，然而效果并不理想。这就像一个人步入中年，多多少少会感觉到身体某处的不适，并试图通过药物、饮食并锻炼身体来进行改善。遗憾的是这只是起到了延缓病变的效果，并没有从根本上对病因进行诊断并治疗，病灶依然存在。当 PD 到了第 20 年的时候，则相当于进入了"知天命"之年，身体上的病灶形成的症状越发明显，并进一步侵蚀肌体。虽然这时企业已经非常成熟，然而隐患也在不断聚集和复制，危机爆发的概率和危害也在不断变大。一旦外部和内部因素成为导火索，就会引发企业组织的极速坍塌。营销增长的瓶颈、收益的下降、外部市场环境的恶化都可能成为导火索。

最近刚刚得知，因为企业大股东的更迭，PD 高管层也经历了巨大的变动，进而影响了企业整体的运营和策略，前途难测。

2. 向哪里走

（1）公司管理方面。我们前面曾经说过，PD 的管理层一直在尝试用多种方法去改善局面。在管理方面，他们调整管理团队，吐故纳新，将公司管理向专业化转型，在艰难完成了新老管理团队的融合和人员更替以后，一切却又回归到瓶颈状态，并没有出现预期的企业活力和创新精神的提升，"大公司病"式的僵化依然存在。

（2）渠道营销方面。公司加强并完善了各项经销商激励和扶植措施，并将优秀经销商树立为榜样，让其他区域复制其营销模式并学习其开拓精神。同时，总公司还将一些优秀的经销商吸纳进公司管理层担任营销总监，也将部分资深区域经理外派到省公司负责营销，或者干脆委派其成为某一区域的总代理。这种纵向流动、横向贯通的模式，目标是激发渠道的整体活力，"保稳定，促增长"。但问题又来了，渠道经销商以"水土不服"为由，对榜样经销商的成功经验并不认同；流动的营销人员，在一段时间的热情之后，也归于"平淡"，一切好似"波澜不惊"。

（3）业务拓展方面。企业很早就开始利用自己强大的实力在木业领域进行布局，计划在产品的纵向和横向方面实现多项突破，继而在完成木产品的"蓝海"开发后打造"整体家居"的商业模式。然而结果并不理想，除了核心产品木地板以外，其他周边新产品虽有发展但一直盈利困难，而且企业在整体家居的定义和范围方面始终游移不定，无法找到恰当的定位。因此，市场上的消费者对其多元化发展起来的新产品也不买账。

3. 病灶在哪里

PD面临的现实问题具有广泛的普遍性，因为家居建材整个行业的很多企业也多少存在同样的困惑。必须承认，PD作为行业的领导者已经属于业界翘楚了，20年的企业历史就是很好的证明。更加难能可贵的是，作为一家大型企业，他们能够坚持通过不断的变革来克服前进中的问题，这在建材行业内已不多见。虽然如此，他们的改革始终不得要领。这些改革大都是头痛医头、脚痛医脚，未能发现这些症状的病理和病灶所在。我们来看看他们的改革遗漏了什么关键因素：

（1）基因问题。

和大自然的生物一样，任何企业从创立之日起就带有一个独一无二的基因。这个基因决定了企业的健康状况甚至寿命长短。有时候一个优秀的基因甚至能够抵御行业的衰退和消亡。如著名企业荷兰菲利普公司，以自行车产品在20世纪初起家，虽然经历百年的世界风云变幻却始终坚持"科技以人为本"的理念，产品不断推陈出新。时至今日其电器产品已渗透到人们生活的各个方面，企业也成为生活家电的领导者。

PD 的基因是什么呢？是领先的产品，因为他们曾经率先将强化地板的品类引入中国，在产品品质、花色、生产、营销上不断创新并取得了持久领先的地位。但问题在于领先地位的边际优势会逐渐消退，这是不以人的意志为转移的。无论 PD 在产品的内涵和外延上如何努力，始终无法突破产品本身的局限性，最终形成了 PD 发展的天花板。这个问题对很多发展中的企业不算问题，但是对于 PD 这种大规模企业却是生死攸关的拷问。产品之外的企业基因重组才是其摆脱当前困境的处方。能不能脱离原有围绕产品来建立企业的核心价值理念系统才是企业长足发展的关键，这一核心价值一定是以市场为导向的，而不是以产品为导向。

事实上，国外的先进企业已经为我们提供了很好的借鉴。他们经营木地板的企业在发展到一定程度以后，会形成类似"全面、优质的地面产品解决方案"的理念，在木质地板以外发展瓷砖、塑胶地板、室外地板、地毯等相关的产品。虽然这样发展会涉及不同的工业生产领域（化工、纺织等），但是呈现给市场和消费者的却是始终如一的产品和品牌形象，而不是像 PD 那样一味地在"木材"这一核心原材料上面"打转转"。所以，PD 在目前以产品为核心的竞争优势逐渐缩小的情形下，需要根据自己的"企业基因"优势进化出来的核心价值进行梳理，并紧密契合已经变化的市场状况，才能真正找到企业可持续发展的路径。

（2）模式问题。

2013 年，在木地板行业发展进程中，曾经有一场知名的辩论，即就木地板企业发展模式的方向问题，市场派与产业派展开激烈讨论。

市场派主张以市场营销为核心的企业轻资产模式。他们认为：随着行业产业规模的扩张，产品的供应能够满足甚至超出市场的需求，导致行业内竞争激烈，那么营销就成为重中之重。通过建立以营销为核心的轻资产公司，并充分利用市场的产能资源，加之良好的品质控制，就可以以"四两拨千斤"的形式形成企业的竞争优势（如宜家家居和苹果手机），而不是一味地靠自己建厂扩大产能以获得成本和品质优势，这样做风险大、投入高，容易导致行业内的恶性竞争。

产业派主张采用以打通产业链为核心的产品规模模式。他们认为：随着行业产业规模的扩张，产品的产能会超出市场的需求，导致行业内竞争激烈，那么产品的优势就成为重中之重。通过自身的内外部资源整合，掌握从产品到营销的各个环节，打通从原材料到市场的整体产业链，实现产品品质、品种、成本和供应的整体竞争优势，来获得市场的领先地位。这样做的好处是企业竞争力持久、不受他人制约，并能发挥领先者的资本优势。

这两个观点各有各的道理，孰是孰非也一直没有定论。PD内部管理层中倒是比较认同第二个观点，PD按照此观点提出的模式不断推进企业的发展，成功将企业打造成了行业的巨无霸，但他们的营销模式永远定格在了那场辩论的年代。虽然PD拥有品质优良、货源充足、实力雄厚的优势，然而其以产定销、渠道库存高起、不促不销等问题影响了PD后来十几年的发展。

可以说，PD此种看似成功的经营模式反而成为导致PD现在困难的根本原因之一。以产业链为依托的产品和生产优先模式一枝独大，导致其在后来十几年营销模式的创新方面徘徊不前，品牌老化以及由此产生了一系列问题。时过境迁，也许现在是时候将那场辩论拿回来重新研究一下了，绝不可抱着原来的思维和成功经验故步自封。有时候，成功不代表你一定正确；即使正确，也不代表时时正确。在木材资源日趋枯竭的现实状况下，摈弃木行业传统的原材料思维，紧紧贴合市场随时变化的需求才能找到出路。

（3）市场环境问题。

二十年前，当 PD 开始在中国做强化地板的时候，市场是一片蓝海，也就催生了 PD 经营蓝海市场的营销模式。时至今日，此模式的变化也不大，然而外部的市场环境已经不同往昔：强化地板产品在 PD 既有市场上的生命周期终点在步步逼近；消费者在经过了二十年的教育之后也在逐步成熟，打开他们的钱袋子变得越来越难；行业内同类产品的跟随者也在亦步亦趋后变得更加强大，产品和营销的差异性变得越来越小。

PD 也因为其典型的"大企业病"变得对外部环境变化的应对略显迟钝，其引以为豪的资源链、产业链和渠道链的优势红利正在急速衰减。面对强化地板这一建材品类满满的"红海市场"，PD 却始终未能拿出有效的应对方法。这就需要 PD 进行"归零思考"，甩掉既有成功模式的"历史包袱"，真正对市场和消费者进行重新研究以发现新的增长点，而不是沿着过去的模式固步自封。

（4）仅仅是个开头。

上面已经开出了处方，后面关键的就是 PD 是否愿意尊崇"医嘱"去做、想不想去做、是否能够坚持去做的问题了。至于操作层面，对这家大型公司来说不是问题，但是有一点一定要强调：通常我们面对一个急迫、严重问题的时候总希望能够拥有一个简单、明确的解决方案，以实现"毕其功于一役"的功效，这种"直线思维"事实上是大错特错的。我们希望能够从根本解决问题，但是又不想付出更多的修正成本，这样的好事太难遇到了。找到了方向以后，就需要踏踏实实做好每个细节，通过艰苦细致的努力，解决每一个问题，切不可浮躁，眼高手低是很多企业改革失败的根本原因。

第二节　行业路径，一起走过的日子

■ 一、丛林法则下的野蛮生长

20世纪90年代中期，大多数消费者还在集中精力解决住房问题，对家装还处于懵懵懂懂的状态，对家居装修的要求也相对简单：四白落地、水泥地面、组合家具已经是一般家庭的高配置。

这对于当时家居建材行业的先行者来说绝对是"一片蔚蓝"的市场，因为：

1）无论是现有住宅或者在建房屋，对装修和建材的需求量可以说是无限大。

2）消费者极端不成熟，饥不择食、给啥吃啥。

3）家装市场处于不规范的初级阶段，商家可以天马行空地采用任何想得到的营销手段。这好似一片未开垦的处女地，足够广阔、足够肥沃，随便撒一把种子就能丰收得盆满钵满，谁还会去想什么精耕细作！

应该承认，任何一个新兴的行业和市场在步入成熟之前，均需要经历一个初级阶段。前面提到的现象可能也算必经之路，在这个并不成熟的初级阶段内，要实现"跨越式"的野蛮发展，丛林法则更加适用。过于优越的市场资源使某些人短视和急功近利，只盯着眼前的一点儿利益，缺乏对长远未来的仔细规划，做起事来心浮气躁，越来越倾向于"短、平、快"，因此促销炒作、乱造概念、功能夸大等营销方式纷纷粉墨登场。"短、平、快"则成为最快速度抢占市场的不二法门，大家纷纷以强行军的速度跑马圈地，生怕赶不上这班车。从那时开始以后的十几年，家装市场是一片熙熙攘攘的繁荣，从业者更是摩肩接踵，这也许是一段美好的时光，但也可能是最坏的时光。

从人本性的角度看，人总是愿意趋近于眼前的利益且难以割舍。当年家居建材市场低层次、爆炸性增长造就的繁荣，给很多从业者留下了一些错觉，即：

1）蓝海阶段的成功经验可以被长期复制下去。

2）规则并不重要，快速发展才是第一位的。

3）客户是"傻瓜"，营销需要简单、单刀直入。

渐渐的这些认知成为一个习惯而积重难返，而市场环境却变化了。也就是说家居建材行业从业者的意识已经落后于市场的发展，与消费者的成熟度不匹配了，广泛存在的"不促不销"就是最好的例证。

任何一个行业的发展，总会经历一个从无序到有序、从野蛮到文明的进化过程。发展初期的无序和混乱具有其合理性，但是初级阶段的长短以及以后的方向和速度则决定了该行业发展的成熟度，也会直接影响行业是生存还是毁灭。

家居建材行业在中国已经生长多年，横向对比其他很多行业（如汽车、家电、日用品、快消品等）应该说是步伐落后了，行业集中度低下、从业者鱼龙混杂、品牌建设不足等方面的改善并不明显，很多行业后来居上了。也许家居建材行业需要一个"突变"，其中之一就是行业的营销革命。

■ 二、后工业革命阶段

如果我们站在历史的角度去看目前家居建材行业所处的阶段，就不难发现，我们还处于一个"后工业革命阶段"。

这里我并不想分析制造问题，然而制造思维会影响营销思维。在家居建材行业的起步阶段，市场上的产品极度匮乏，因此绝大多数企业都是以制造起家，在满足市场的基本需求以后才会向营销转型。

如最近很流行的"工厂营销""工厂团购"的模式就是典型的**"营销返祖现象"**（这一现象我们可以定义为商家因为在正常营销的渠道和模式遇到困难，或者产能短期过剩的情况下，放弃传统的营销渠道和模式，针对部分目标消费人群，利用产品的基本功能和价格优势实施的营销行为。这种营销的方式将商品的部分外延属性和市场附加价值剥离掉，采取工厂产品直销的方式来满足低端市场的需求）。无论这种方式成功与否，只能算是营销的"偏师"，绝不是市场的主流。

中国的市场经济还处于初级阶段，以及中国独特的二元社会结构，就会形成市场的**"二元化需求分裂"**，即市场需求会向高端和低端两方向背道而驰：发达的一二线城市的消费者会更多地需要知名品牌、高品质、具有设计感等属性的产品，而欠发达的三四线城市和乡村地区则更加趋向购买功能价格比高，甚至仅仅是价格低廉的商品。

这个市场分化现象在未来的一个阶段会长期存在，也就为各个商家出了一道选择题，即你的目标市场究竟趋向哪个方向？作为企业发展的战略，做任何一个选择都是正确的，但是如果想"上下通吃"，在目前的客观条件下就大错特错了。笔者不认为目前行业内的企业有多少能力去运作高低两个品牌和产品。它们要么顺应现实，继续拓展中低端市场；要么突破瓶颈，开发高端市场，执行业的牛耳，这可能是行业从业者在很长一个时期必须面对的课题。无论课题的答案如何，随着社会的发展和家居消费市场的不断成长，摆脱"工业革命的思维"去拥抱科技和信息革命一定是必然的，只是早晚而已。

三、行业的门槛

在家居建材行业，曾经有一个有趣的"生意经"就是"以小博大"。如果有人想进入这个行业，启动方式非常简单：原材料可以赊购，零现金；设备可以租用，零现金；找一个明星做平面代言，也就几十万元；然后一个招商会就够了，各地的经销商带着现金纷至沓来，前面的赊欠用加盟金垫付就可以，万事大吉，就等着数钱了。这就是很多企业的起家之道，可以说门槛非常低，也是家居建材行业充斥着数万家企业的原因之一。

在目前国内投资环境下，资金不是问题，科技却是个羁绊。家居建材行业向来不被认为是什么高科技行业，加之市场的巨大需求，投资者纷至沓来，前期"加法"的红利让商家获利颇丰。然而，随着消费者需求的变化、智能家居和家居整体解决方案的兴起，我们忽然发现游戏规则正在改变，"加法游戏"好像力不从心了。

在海外品牌占据行业高端市场的大部分江山以后，我们总想向上跳一跳，来分一杯羹，最后总是事与愿违，所能获得的只是下游的分销权等。即使是市场营销，我们也总是感到高处不胜寒，对于利润丰厚的高端家居市场，商家们又爱又恨：爱的是市场和客户，恨的是不知道该如何取得。

有一个真实的故事最能说明问题。我工作过的一家瑞典知名木地板品牌，2007年在中国参与试产推广活动时，被当地的电视台采访。电视台记着提出了这样一个问题："现在中国木地板行业拥有上万个企业和品牌，他们在市场内低价竞争，导致市场环境的恶化，您认为应该如何解决此问题？"

按照惯例，我相信这位记着设定的答案是行业自律、诚信经营等不痛不痒答案，然而老外的回答出乎所有人预料："很好啊，就该这样！中国的木地板企业太多了！我们瑞典是一个木业大国，也就是只有二十几家企业，而中国极度缺乏森林资源，为什么会有这么多企业在从事这个行业？这不合理嘛！我认为这是好事，等到竞争之后死掉一批，只剩下几十家企业了，市场环境也就好了！"

当时作为翻译者的我将原意告诉这位记者时，她目瞪口呆，甚至不知道如何将采访继续了。为了化解尴尬，我只好劝告记者，她可以按照既定的答案发稿，反正老外也看不到。看来作为完全市场经济国家人的思维和我们有很大的不同。

■ 四、结论

近三十年过去了，现在我们回头来看，在大家居的范围内，各个细分行业都走过了基本类似的道路，只是各个行业进化成长的速度不同，处在不同的阶段而已。如家电行业已经搭上了信息革命的列车，正在红红火火地进行网络营销；家具、厨卫、瓷砖、地板等已经紧跟潮流的步伐，进入时尚设计的阶段；床垫、涂料、壁纸等进入了以客户需求为核心的阶段；而其他一些如防盗门、小五金、塑窗等基本处于工业品时代；至于一些不太受到关注的行业，如锁具、美缝等甚至还处于其他行业二十年前的营销模式阶段。

虽然不同行业所处的发展阶段不同，但是面临的客观环境是相同的。适者生存，这是很残酷的事情，能跟上市场的发展趋势，加快自己的步伐，就能活得很好，反之就面临消亡，或者面临被国外品牌淘汰的危险，想想健力宝、北京牌彩电、大宝化妆品的命运吧！

首先，我们制造的不是产品，而是商品。这已经是老生常谈了，只有产品成为商品，才能在商品经济社会下实现其价值。从中学就学会的原理，在现实中有时就是很难实践。也许是中国的农业社会太长了，在我们的内心深处有着深深的烙印。有些做工厂的人总是孜孜不倦地精细化自己的产品，屏蔽市场的要求。这里笔者不是要去否定"工匠精神"，而是这种做法的本质是基于制造者的思维，不是需求的思维。

"闭门造车"的东西如果不被市场认可，就不是财富而是垃圾，是对社会资源的最大浪费。多一些换位思考，少一些从材料到产品的想当然吧，工业革命时代形成的以产品制造为核心的思维是时候应该被摈弃了。

其次，不要浑水摸鱼。按照经济理论，资本总是向着收益最大化的目标流动，然而事实却并不总是这样。人们认知水平的限制、机会成本的威胁等都会造成"明天的金子不如到手的铜"的思想。当一个新兴的蓝海行业兴起以后，疯狂的资本就会迅速聚集，直至将这个行业做烂，然后再去寻找下一个"傻瓜"。这就是若干年前有特色的"蒙式营销"的现实存在，矿泉壶、保暖内衣、CDMA 手机、大蒜等曾经都是最好的范例。然而随着市场和行业的成熟，这种机会不多了，确定一个行业后精耕细作，再图螺旋式发展，才是长久盈利之道。狡兔三窟，这不是商人投资的哲学，只是生意人的一点小聪明，会被市场经济的大潮淹没的。如果你决定做家居建材，**就要将它做好、做到最好，再去寻求其他的机会，这才是真正的工匠精神。**

最后，己所不欲勿施于人。这个话题不好谈，因为会得罪人。记得学者许子东曾经就中国旅行团在泰国餐馆抢大虾事件发表评论：这种行为的特点是样子难看、效率奇高、不计后果。我们岂不是一样？一个水龙头卖到消费者手里后样子难看、还算好用、又很便宜，我们的行业内充斥着多少这种产品啊！

第三节　行业的格局

■ 一、工厂：产能过剩吗

家居建材行业内盛传着整个行业的产能过剩100%这样一个数据，

也就是说我们这个4万亿的行业，实际上只有2万亿的实际需求。如果事实真是这样，那我们真的要如履薄冰地走好每一步了。要想仔细分析这个"产能过剩"的数据是困难的，因为这里面包含着进出口、渠道库存、消费透支等很多因素。然而有一点商家们确实亲身体会到了：相比从前，生意越来越不好做了，产品有些卖不动了。

1. 卖不动与买不到

没有房子也就没有装修，家居建材行业的载体是房地产行业。参照图1-1中2010—2015年的房地产数据，我们可以看到房产市场的增长率整体上在下滑，但是平均下来这五年的涨幅也有20%以上。这与国外众多国家几乎停滞的房地产市场相比，可以说是繁荣一片，还不包括老房的改造等二次、三次装修，应该说我们的基础还是不错的。

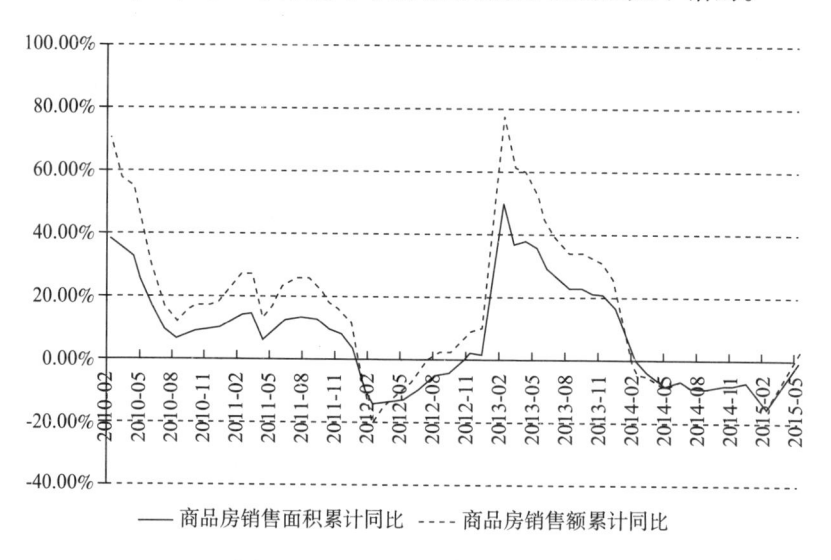

—— 商品房销售面积累计同比　---- 商品房销售额累计同比

图1-1　2010-2015年房地产数据

再看看家居建材市场，根据《2015年中国建材家居产业发展报告》的数据：

2015年中国建材家居行业市场规模达到41597亿元，同比增长2.2%，相比2014年的同比增长下降了7%，行业整体增速正在放缓。其中建筑装饰、人造板、陶瓷、石材、地板、建筑涂料、天花吊顶七大品类比2014年的同比增速下降，人造板、地板和天花吊顶三个品类的市场规模呈现萎缩。

市场增速为何放缓？除了经济大环境不景气之外，报告还指出了建材家居行业发展面临的八大障碍：产能过剩问题依然突出，有效供给明显不足；资源环境约束趋紧，节能减排压力加大；产业集中亟须加强，市场环境有待改善；自主创新能力不足，新兴产业发展缓慢；信息化水平不高，与工业化融合不够；人口红利逐渐消失，要素成本依然偏高；产品档次不高，世界知名品牌和跨国企业缺乏；产业国际化程度不高，全球化经营能力不足。其中五大障碍自2014年便存在，国际化成为我国家居产业面临的新挑战。

目前国内建材家居企业有50多万家，大多是中小企业，企业资产在5000万元以下的占67.5%，5000万元到1亿元的占24%，亿元以上企业仅占8.5%。总资产规模超过50亿元的企业有19家，其中超过百亿元的企业仅有9家。

站在营销的角度看报告，我们可以发现几个现象：

1）家居建材的增长落后于房地产的增长。"有效供给不足""市场环境有待改善"阐明的就是与营销相关的因素，不是市场没有需求，而是家居建材的产品力和营销力不足，因为市场的原因造成产品无法"有效"满足需求。抛开这些专业化的数字，理解这一现象其实很简单，套用一句话就是："如果你恨一个人，那就让他去装修。"一句话道出了行业的根本问题：消费者在装修方面的综合成本过于高昂了，甚至成为很多人的噩梦。一个"噩梦"行业的生意不好做，实在是太正常了。在商家"卖不动，客户买不到"的中间一定有一个讨厌的"营销壁垒"。

2）"经营能力不足，产品档次不高"说明的是企业内部的问题，这在前面已经论述很多了，野蛮生长成就的就是这样一些企业和产品。按照商品价值理论，任何商品只有"卖出去"才能实现其价值。商家按照经验在闷头生产产品，并按照自己的理解销售不对路产品，但是真正能够实现企业和社会价值的商品比例偏低，这就是行业不成熟的典型表现。

3）"低头迈步，没有抬头看路"是造成这个问题的关键。一些厂商在初期的辉煌之后，发现市场压力越来越大的时候，不是设法去提高自己的产品、经营和营销水平，而是放弃了已有的高端市场，转而将目光转向了三四线城市，按照原来的模式迎合不发达地区的需求。这种做法暂时会发现一片新的天地，但是造成了企业和行业的故步自封和水平下滑，事实上却是"逆水行舟，不进则退"。

2. "境外入侵"与本土化

那么好了，你不愿意做高端市场，国际大鳄就来了。仅仅依靠品牌和设计，加之OEM的模式和一些国内工厂习惯性的"代工思维"，几年内国际品牌就占据了一二线城市的半壁江山。如卫浴行业内的著名企业"海鸥卫浴"，号称行业内的"代工之王"，是众多国内、国际大品牌的产品基础，然而市场的影响力却不容乐观，只能在三四线城市勉强有一席之地。你将市场拱手相让，他们就会乐得其所，还会利用你的资源侵占你的市场。"被别人卖了，还帮助他数钱"，这就是令人扼腕的短视。

另一些企业好似聪明些，主动"引狼入室"，代理国外的知名品牌，并实现部分产品的本土化生产，"挂羊头卖狗肉"，将自己的产品打上国际品牌的标签，然后忽悠蒙在鼓里的消费者，一时也是风生水起。然而，顾客的一句话就将其打回了原形："请给我看看你的报关单"。

3. "出口转内销"的尴尬

中国有大量的代工企业，在以"中国制造"为核心的思维下将出口做得风生水起，但是在2008年以后随着经济危机造成的国际需求的疲软和国内各项成本的高企，代工企业日子也变得不好过了。他们被迫转向了成长迅速的国内市场，但是却发现：蛋糕虽大，却已经没有分割的空间。"我们的产品质量好，属于国际水平"这个唯一的卖点在市场面前却显得那么乏力，前期营销的落后，再补课却很困难。**曾经有这么一句谚语：做外销的转而做内销，没有一个做得好。**

"出口转内销"的企业和产品在设计、品质和标准优势以外，却也短板明显。大多数企业在诱人的内销市场面前，却对烦琐的具体营销工作望而却步。对于工厂而言，外销是按照集装箱计算销量的，大进大出，可以充分发挥工厂产能的优势；而内销却是个性化一件一件的，工作烦琐，量却一时起不来，产品的成本、设计优势无法发挥。如果现在从头开始做基础营销，却又远远落后于先来的竞争者，很难加速赶上，最后只能黯然收场。这种企业在卫浴、地板、水暖、家具等领域屡见不鲜。

也许，在中国特殊发展路径的环境下，内销和外销的融合还有很长的路要走。这不是一两个企业所能决定的，可能需要市场环境和经营思维的改变。

■ 二、市场：营销过度了吗

我们的市场营销过度了吗？可能是，因为在中国公共场所和各种媒体的广告密度也许是全世界最高的；也可能不是，因为消费者的购买成本始终没有下降，从营销中获益不多。

1. "胜利极限点"原理

有一个日本人名叫石原莞尔，被称为二战期间日本唯一的战略家。他代表性的军事理论就是"胜利极限点"，即连续打胜仗的军队，如果一味扩大战争、穷兵黩武，不适时地停下来巩固胜利成果，最后会由于越过了"胜利极限点"而导致崩溃。这并不是什么新颖高深的理论，卡尔·冯·克劳塞维茨在《战争论》早有论述，中国老祖先"月满则亏"也是这个道理。遗憾的是，现在很少有人能够领悟这一精髓。利益最大化的思维导致多少人奋不过身地去冲击那个"胜利极限点"，然而把握那个"度"却是困难的，加之企业思维和运作的惯性，冲破那个"极限点"却成为常态。

长期的贫困和资源的匮乏使得中国人会将任何资源和机会的效益发挥到极致，这本是合理的，但是却助长了国人"赌"的心理，总是心存侥幸不断去冲击那个"极限点"，物极而反之后再去"掉头"，就变得越发困难和成本高昂，最后只能在惯性下亦步亦趋地走下去。

2. 我们的"成功"经验：广告和促销无用了吗

对比其他国家，中国市场的营销无论在强度上还是在范围上，在当代可以说是无出其右的。广告和促销就是我们成功的两大法宝。

本人就经历过。国外的销售人员在介绍产品和促销上"傻得可爱"，笔者总是觉得占了很大的便宜满载而归。而在国内，笔者却总是谨慎小心，生怕上当，绝对要捂紧腰包，不到最后不撒手，无论怎样也要在网上搜个遍以后才能觉得决策是正确的。难道是笔者的信息不够吗？绝对不是，因为在笔者购买前的信息够多了：各种形式的广告、销售员不厌其烦的解说、朋友们的经验之谈、花样频出的促销活动等,只是有价值的信息太少,"忽悠"的太多。

传统的产品导向思维使得我们的"推销"行为顺理成章,无论方法如何,只要将产品推出去就好。因此商家提供的信息基本上是从内向外的,能够兼顾购买者的少之又少。所以虽然满大街到处是无休止的广告和花样翻新的促销活动,然而这些行销的效能比却是偏低的。

总体来说,我们的营销利器广告和促销是从低水平阶段发展起来的,然而数量的激增远远大于行销质量的提升,继而形成了惯性的人海战术,即销售人员海、广告海、促销海……当这些嘈杂的信息超过了消费者大脑的容量以后,这种加法的推广方式就遭遇了天花板,也就是前面提及的"胜利极限点"。

3. "懒惰"的经销商

对于大多数家居建材行业的厂商来说,对渠道经销商的一个最基本的要求就是要开店。也正因为店面是各级经销商最大的一笔投入,所以他们当然也希望店面能够产出最大的效益,再加上建材行业几十年发展路径形成了习惯,"坐店销售"也就成为常态,至多通过个人的人脉再拉拢一些业务。

某些二三线城市的小型经销商根深蒂固地带有"坐商"的思维,面对建材市场日益稀少的人流唉声叹气,而又无可奈何。如果劝他们走出建材市场,在小区、网络等渠道做推广活动,他们的第一反应就是要品牌厂商的支持。这个支持既包括硬性的费用,也有软性的业务指导。品牌和市场本来就是厂商和经销商共同运营的,经销商寻求"支持"的态度本无可厚非,令人担心的是这些经销商的心理是否能够接受"行商"的方式。在本人经历过的壁纸、防盗门、美缝、床垫等几个建材细分行业中，经销商们最津津乐道的就是：厂商负责市场的广告推广，他们坐在店里搞批发，任何比这种方式更加复杂的营销都会换来激烈的抵触和讨价还价。

判断一个经销商是否优秀最简单的方式，就是看他平时是否坐在那里。笔者还从来没有见过一位天天守在店里等客人的经销商是成功的。当然，也有一种"坐着"的经销商是成功的，就是他坐在茶馆、饭馆、酒馆里，但是和他坐在一起的一定是客户或合作伙伴。你坐在哪里就会决定你如何思考，你如何思考就会决定你最后坐在哪里。作为一位经销商最基本的素质就是：腿勤+脑勤（这通常也是我们对渠道销售人员的基本要求）。

4. 红星美凯龙，进还是不进

能够进驻红星美凯龙是一些中小型经销商的梦想，品牌厂家们也通常不遗余力地游说他们进入。然而众所周知红星美凯龙的日子也不好过，那稀稀拉拉的人流就是最好的例证，而且红星美凯龙的各项收费也让已经进驻的商家头痛不已。

粗看起来红星美凯龙就是一个围城：外面的人想进去，里面的人想出来。事实上呢？里面的人不到万不得已不会退出，红星美凯龙依然是一铺难求；外面的人大都也只是想想，真正下决心进驻的人比例也不高。红星美凯龙究竟是不是鸡肋呢？进还是不进？这是一个值得思考的问题。其实这个问题并不难回答，就是一定要搞清楚你进去的目的是什么。红星美凯龙是给需要锦上添花的人准备的，绝对不能雪中送炭！如果你期望它能够立刻给你带来可观的业务，那请你还是洗洗睡吧，因为你马上面临的不是客人似云来，而是账单似云来，各种高企的运营费用和稀稀拉拉的人群会让你天天失眠的。

如果你在外面的时候，业务已经十分稳定，手里也准备了足够的现金用于预热市场，那可以选择支付巨额的店面转让费用进驻，红星美凯龙的品牌效应会给你带来外面没有的高端客户群，使你的生意更上一层楼。如果你当下的业务饥一顿饱一顿，指望红星美凯龙能够给你带来额外的客人，解决你目前面临的客源问题，笔者劝您还是作罢为好。笔者还没有见过在一般建材市场经营困难，通过进入红星美凯龙就咸鱼翻身的案例。

5. B2B 的惯性

在家居建材行业，我们通常将产品分为装修和建材两大类别：装修面对的大都是最终用户，属于 B2C 的业务，产品也大都是我们在家里可以看到的最终产品（马桶、橱柜、家具、瓷砖等）；建材面临的大都是行业内的采购方，属于 B2B 的业务，需要通过渠道内的二次加工以后才能转化为可以装修使用的产品（型材、管材、水泥、板材等）。这里我们要谈的就是这个 B2B 的市场。

B2B 的建材商家作为供应商站在 B2C 商家的后面，其核心竞争力是技术、产能和供应，通常不直接面临消费者，也就无法控制整个行销渠道。他们的生意好坏大部分取决于 B2C 购买方，而不是最终消费者的需要。虽然 B2C 会将部分市场的实际需要传递给 B2B，可以想象这些信息已经大大衰减和变形了。因此有一些 B2B 建材供应商试图突破阻拦、走到前台去直接面对消费市场，但遗憾的是成功者凤毛麟角。

一家浙江做门窗型材的知名企业，试图向国外的大品牌学习，介入门窗市场，以突破业务瓶颈，努力了几次还是放弃。因为他们发现自己贸然闯入了一个完全不同的商业领域，虽然他们同属于一个行业。作为门窗型材厂商，生产是完全的大工业特色，按照批量生产出的产品需要各级经销商在小工厂甚至店铺里进行后续加工，按照消费者门窗的规格和个性化需求最后完成门窗的制作和安装,才能完全实现产品的价值传递。这些经销商的小型加工厂、加工店铺就像毛细血管和神经末梢一样渗透了市场的各个层级和细节,作为大出大进的型材工厂是很难做到上下通吃的。

那为什么一些国外的企业可以做到呢?第一,这些企业经过了几十年甚至百年的发展进化,其强势品牌和市场影响力是国内企业很难匹敌的。第二,他们的价值核心已经在产品生产的基础上演化出了设计和市场导向,明确自己的产品是门窗而不是型材,更加关注的是市场的需求和产品的设计,这也是国内以产能和成本为核心的企业的短板。

搞清楚自己的客户是谁,可能是这一切的关键。作为B2B类型的建材企业,大可不必一时兴起去踏入不熟悉的B2C领域,企图通过产业整合去切入消费者市场。笔者建议先去练"内功",在企业内部上下确定市场导向,关注消费者在品质、设计、服务的需求并积极革新,润物细无声地影响终端市场。也要做好付出一些代价的准备,毕竟产品越迎合市场,也就会越细分,这对于大出大进的生产型思维惯性是个挑战。

在家居建材行业,动静很大,但营销绝对不是过度了而是极度匮乏,这里的"营销"是指真正意义上的立体化营销。行业内单一模式的、低水平的营销模式被复制得过度了,资源配置不合理严重挤占了营销升级的空间,好似我们的产品一样,"同质化"一直是我们挥之不去的梦魇。就好像我们熟知的"荷兰病"一样(荷兰病是指一国经济,特别是指中小国家,某一初级产品部门异常繁荣而导致其他部门的衰落的现象),当一种模式被使用和复制过度,一旦遭遇"胜利极限点"就会导致大规模的营销溃败,这时候再去回头就会付出高昂的代价。奉劝各位老板要居安思危,提前布局,不要一条道走到黑。

■ 三、资本：还赚钱吗

1. 从胶水到板材到地板

木地板行业是一个千亿规模的家居建材的细分行业，经过二十年的大浪淘沙，已经从高峰时的两万家企业演变成了几千家，甚至还在减少。这个行业遭遇了原材料和房产市场的双重夹击，正在剧烈地洗牌。

有趣的是新的玩家出现了，作为行业内的营销咨询人士，笔者收到一家做胶水的浙江企业和一家做复合板材的山东企业的咨询请求。他们均想涉足木地板行业，以实现产品和产业升级，但是不知道应该如何运作，进而提出了营销咨询的需求。笔者的看法是：一个"老红海"在试图进入另一个红海行业，老板们的钱真是无处可去了。

笔者需要先纠正一下自己的观点，作为木地板行业上游重要供应商的胶水和板材行业，意图涉及自己相对熟悉的木地板行业的想法本无可厚非，毕竟他们赚到钱了，而且愿意将资本继续投资到更加高端的产业，应该鼓励。但是他们的胶水是否接近德国太尔的水平？他们的板材是否已经达到了兔宝宝的规模？当然没有，这里面我们闻到了一股资本乱窜的味道。他们共同的特征是认为本行业已经无利可图，正在设法在其他行业里逐利。当然这种行为比很多赚了钱就去买房的老板好很多，但是他们从一个红海跳进另一个红海的做法却是个大问题。

我们的资本习惯了平行发展的模式，从一个行业赚钱以后就会平行跳到另一个行业，而不是垂直地深入。这里笔者不想讨论大环境的问题，只是觉得某些企业家的"生意人"思维使他们做出了更加荆棘满路的选择，笔者真的觉得将胶水做精要比进入不熟悉的木地板行业要容易得多，因此拒绝了这两个咨询项目。

2. 自发热地板的困境

一些家居建材的业内人士主观认为该行业已经是一片红海，赚钱的机会不多了，因此众多资本纷纷转向房地产、家电甚至玩具、保健品等距离家居建材行业很远的领域。当然有人也一直在坚守这个行业，并试图通过产品的创新来寻求突破，于是乎兼具地板和地热功能的自发热地板在2009年前后诞生了，各种品牌如尚兰格、优暖家、启东等雨后春笋般地你方唱罢我登场。地板的自发热模式也层出不穷：电热丝、碳膜、碳晶片等林林总总，一时间好似这些新兴产品大有替代传统的水电暖地热、壁挂炉、空调等产品的趋势。然而七八年过去了，这个行业却始终未能形成气候，一直游离在其他传统主流产品的边缘。

自发热地板在产品技术上不够成熟。市场认知度较低这个原因我们这里先不谈，仅仅是在营销模式上也存在先天不足。此产品的始创者大都是技术性人员，抱有工业品和技术型产品的传统思维，对家居建材行业的规律知之甚少；行业的营销人员有很多属于资深人士，但是营销思维极端落后。因而技术神秘化、炒作概念、短促突击式等若干年前已经被淘汰的营销方法被重新翻出来，经过重新包装后又推向了市场。但是这时候的消费者和经销商已经不同于二十年前了，已经具有了抗忽悠的免疫力，因此自发热地板在初期的熙熙攘攘以后很快就遭遇了发展的瓶颈，处于被行业边缘化的困境。

我们的营销思维不改变，即使拥有技术、资本和人才的优势，也很难再有所突破。

3. 房地产的压迫

家居建材行业的商家与房地产开发商合作让人又爱又恨。站在这些大鳄面前，我们是那么渺小和无力，面对一份份"不平等条约"般的合同，只能不断"打掉牙和血吞"。房产商的资本实力、专业性、效率优势犹如一面面镜子,将我们行业的缺陷一一映照出来,毫无还手之力。产品的同质化、营销水平的低下、内部恶性竞争的积习等使得作为供应商的我们不得不因为"窝里斗"而让他们"渔翁得利"。

不仅如此,房地产商们还向我们的行业发起了进攻。理论上,精装修房的快速发展对我们是一个重大的利好,房产商的集团采购不仅可以使我们的渠道营销成本大幅度降低,而且也使得我们在房子装修中的专业性充分发挥,大幅度提升在精装房中的话语权。遗憾的是,这一现象并没有出现。行业集中度低和发展水平低下,使我们长期无法形成合力去争取应得利益,而房产商们却充分发挥了其既有的优势,通过行业整合和模式创造纷纷成立自己的装饰公司和建材供应链,进而侵入了家居建材行业可见的最后一块宝地——家居建材电商。面对越来越被蚕食的生存空间,我们还在苦苦摸索,进退维谷,尴尬的境地丝毫没有改变。

第四节 思考和回答

■ 一、你还想做这个行业吗

这是一个让人痛苦却不得不去思考的问题。近四十年中国的经济突飞猛进,哪个行业都不缺乏赚钱的机会,众多的创业者当年进入了家居建材这个行业可谓适逢其时,他们抵御住了各种诱惑,并咬牙坚持走到了今天,大浪淘沙,留下来的都是成功者,值得敬佩。然而到了今天,这个问题又被提出来了:你还想继续做吗?这份家业值得苦守吗?如果不想这么辛苦,可以卖了工厂去买房子或者移民。这是一个让人心碎的问题。

欧美和日本有很多百年企业，很多企业和商家如果横向比较的话都不是最赚钱的，但是他们凭借一种敬业和工匠精神始终坚守在自己的本业不动摇。这其中的原因也许只是为了当人问起你所从事的职业的时候能有一个明确的回答。"我是个生意人"这个似是而非的回答，会让人感觉你没有常性，也是有着事业抱负的企业家不愿意接受的答案。你必须回答这个问题。如果回答是否定的，你大可以合上这本书，去享受你的"诗和远方"。如果你的答案是肯定的，那就请继续读下去吧。

二、产品出了什么问题，还是没有问题

我们的产品有问题吗？为什么现在不好卖了？笔者见过很多老板们面对这个问题的第一反应是向两边看，即和竞品去比较，是不是别人质量提升了？价格便宜了？技术革新了？最近促销了？等等，最后发现自己的产品和营销也不差，但就是不好卖了。

让我们换一个方式，去向前面看，是不是消费者的需求改变了？市场上有替代品了？要想回答这两个问题要比上面的问题困难得多，这需要精细的市场调研和对行业趋势的认知。建议老板们平时不要忽略这两个问题，要日积月累地洞察市场和行业的变化。这里提出一个测试问题：如果你的瓷砖不如以前好卖了，问题出在哪里？消费者对瓷砖的态度有什么变化？市场上多出了什么瓷砖的替代品？

三、新常态下的生存之道

任何一个产品乃至整个行业都有其固定的生命周期，如柯达胶卷和胶卷相机行业都已经伴随着数码相机的诞生而结束了，然而拍照这一市

场需求却因数码相机和智能手机的产生不知道被放大了多少倍。作为数码相机的发明人柯达却因为坚守胶片产品而只能黯然收场，这里面的问题究竟出在什么地方？

记得在笔者童年的时候，第一次感觉到自己家里的地面显得有些美观的时候是家里铺设了"地板革"，就是那种看起来像水磨石，而有着浓重的塑料胶水味道的东西。当自己成家的时候，笔者选择了强化地板，十年以后二次装修的时候换成了实木复合地板。三十年的光阴，有很多东西改变了，却又好似没什么改变。

忘记你的产品和技术，永远关注市场和消费者的需求，这才是常态，也是企业的生存之道。摩托罗拉在20世纪20年代靠汽车收音机起家，始终坚持"移动（Moto）+声音（Rola）"的原则历经近百年，发展成为移动电话的发明者和领导者，当电话的功能不再限于移动通信的时候就落伍了。

常态是市场的需求，而不是产品。一个学习经济学的中国学生如果去国外留学，通常第一课会被教授告知：**"忘记你学的那些市场价值理论，产品的价格不是什么社会必要劳动时间决定的，而完全由市场需求决定。"**这个观点也许不完全对，但是可以为我们提供一个新的视角。

■ 四、创新：做还是不做

创新，是近十年以来一直被政府和各大媒体倡导的方向，然而说起来容易做起来难。创新意味着以前没人做过，没人做过也就意味着巨大的风险，巨大的风险也意味着可能血本无归。既然如此，那么阿迪王、乔丹、麦肯基、吉阿婆似的"山寨"品牌是最保险的了，或者复制国外的技术到国内也算是局部的创新，不过这条路也是越来越窄了，从乔丹体育和乔丹本人的官司就可见一斑。创新还要不要做呢？如何做呢？我们都清楚相对于其他模式，创新的成本不低呢！

创新还是要做的，因循守旧和"山寨"是没有出路的，问题是如何做。我们首先要搞清楚的是创新绝对不是几次跳跃就万事大吉，相反却是一个厚积薄发的过程，哪怕是一个产品外形的小小改变，日积月累，经过时间的打磨以后才会有伟大创新。我们都羡慕乔布斯在苹果产品上伟大的创新，爆炸式地颠覆了整个手机市场。这个爆发的积累事实上在他第一次离开苹果去喜马拉雅山悟道就开始了。

■ 五、营销的症结在哪里

与其说家居建材行业的营销有问题，倒不如说中国各个行业的营销均有问题，这些问题是伴随着整体经济发展水平而产生的。

我们不得不承认，大多数老百姓对商品的要求还处于产品本身的功能和质量阶段，但这并不是企业也将自己的产品定位为第一次工业革命水平的理由。不可否认的，中国的二元经济结构形成的发达城市的消费者有了更高的商品和营销水平的需求，如果你的产品和营销一味迎合以三四线城市为主的低端市场的需求，也就是说迎合相对落后的需求，那么你的企业、产品、营销就会落后于世界当代整体的水平。逆水行舟，不进则退，最后发展的空间只能越来越狭小。

面对中国二元化的经济结构，企业的经营者可能要做出三个选择：

（1）面对一二线城市。对于一些发展水平还不够高的家居建材行业企业来说，将要面对企业的整体实力不足和国外品牌的双重压力。用自己的企业和品牌去冲击高端市场需要努力提升自己脱胎换骨。在市场营销上，可能需要颠覆数十年来积累的经验，引入国际上先进的模式，还要去解决初期的水土不服等难题。这种方式虽然积极主动，但道路上的困难和风险也是最大的。

（2）面对三四线城市。如前面所述，当既有的市场因为激烈的竞争而接近饱和时，主动下沉到三四线市场开发空白的处女地。这是最直接、难度最小、成本最低的方式，短期内还会获得如同以往的高速发展，然而从长远来看却是被动和消极的，去往未来的空间也是封闭的，绝对不是长久之计。

（3）同时兼顾一二线和三四线市场。在家居建材行业里，即使是领导者地位的企业，这种方式的战线也太长了，很难做到兼顾。即使是采用理论上标准的多品牌运作模式，成功的范例也不多见，毕竟企业现有的实力和运作能力还不足以操作如此复杂的商业模式。

基于以上分析，好似三个选择均有问题，没有一个正确。事实上这三个模式均是正确的，关键不是模式的选择，而是操作模式。无论采用哪种模式，均不可"急转弯"，期望一蹴而就，渐进式的缓变才是保证不翻船的王道。这需要我们的企业家们不急不躁，抵御各种外部诱惑，并能够坚持按照既定的长远目标执行各项策略。

建材家居营销：除了促销还能做什么

第二章
销售与营销：卖货就是硬道理

第一节　新常态：销售的困境

■ 一、18 场促销活动以后

1. 故事：木地板的 18 场促销

2014 年冬，笔者在西部一个省会城市做行业调研，在某个国内知名、处于领导地位的木地板品牌店面遇到了一个以前培训过的学生。她见到笔者抱怨道：**"现在都不知道该如何做销售了！"** 问起原因，她讲：**"我们现在的工作就是做促销活动和准备促销活动，每个月基本没有别的事，你知道吗，我们今年已经做了 18 场促销活动！太累了！而且，客户已经习惯了我们的做法，日常很少有人下订单，反正他们知道几周内我们就会有促销活动……"**

作为业内人士，虽然对此状况有所了解，基于半信半疑的心态，笔者当晚还是向该品牌的省公司老总核实此情况，并得到了确认。他还补充道:"这18场促销不仅仅是省城,还是全省的统一行动,弄得营业员和经销商身心疲惫,士气低落。另外,你别不爱听,做活动的时候您以前培训给我们的销售技巧、产品卖点等基本没什么用。客户只是盯着价格,我们也没办法……"

"既然这样,为什么不改变一下呢?"笔者说。

"不行啊,孙老师!"这位从事建材行业营销工作十几年的资深人士很有条理地陈述了他的理由:"第一,消费者已经被我们教会了,不做活动他们根本不下订单。再说,你不做别人也会做。第二,我们集团不仅有销量任务,而且促销活动也是统一规划的。销量和做活动都会被考核,我们也没办法。第三,我们的员工和经销商很不错,每次做活动都能完成销量任务,最后销量和促销工作就会被层层加码。虽然我知道这样长不了,因为每次做活动的难度和成本越来越高。第四,不做促销,我们还能做什么?我也不知道有什么好办法,只能跟着集团走了……"

2. 故事的启示

如果您是营销人士,相信对前面的故事会有些共鸣。如果您恰巧也从事家居建材行业,可能也因为正在被同类问题困扰着而苦恼。除此以外,这个故事还为我们提出了几个非常有价值的问题,可以使我们能够深入探寻其中的启示:

一年被迫进行18场促销,是谁造成的这个怪圈?商家还是市场和消费者?

在市场营销的博弈中,是消费者左右商家,还是商家左右消费者?

除了销售量,促销活动还给商家带来了什么价值?要实现同等价值,是否还有其他的方法?

这位老总的压力来自何方？是市场还是总部？他不想改变现状的深层原因是什么？

除此之外，不知道您是否已经察觉，这个故事还隐含了一个情节：在我们的交流中，也许出于给笔者面子，这位老总没有征询笔者的建议。如果不是因为面子，他此刻在想什么？无论是那位老总还是笔者都没有提及如何改变这一现状，他没有问，笔者也没有答，这是为什么？留个悬念，这个疑惑我们会在下一个章节详细剖析。

■ 二、当土地不再产粮

1. 老总的沉默

从故事里这位老总的表现我们可以看出，他对目前看似还算繁荣的表象下隐藏的危机心知肚明，只是有些许的无奈。这个故事发生在2014年，在后来的2015~2016年度，他们的销售业绩大幅度下滑，以至于集团总部下达的任务已经变更为最大程度的"止损"，能保证与2014年的销量持平就是"英雄"了。

曾几何时，这家首屈一指的木地板品牌是当之无愧的先行者，创造了诸多行业内的第一，无论是创造性的产品、技术、品牌、营销模式，特别是对于促销活动的操作已经是业内公认的典范，很多竞品都将其作为模仿的对象而亦步亦趋。这就是为什么在和那位老总的谈话中我们都没有提及对于促销活动问题的解决方案，因为他们太"杰出"了。当然，相比较于其他很多行业，如快消品、家电、汽车等，他们的促销操作水平还是有差距的。然而因为产品和市场以及行业发展阶段不同，跨行业的经验借鉴不现实也没有必要，这也是笔者不提出建议的另一个原因。

应当承认，对于这家有着二十年历史的企业，在大浪淘沙般的市场中，还能够保持这样的市场地位和干劲已经实属不易。他们在长期工作中积累下的实践经验和模式系统一直也是其他同类企业学习的典范。不可否认，他们的团队是勤奋的，然而这种勤奋从另一个角度看又是一种懒惰。因为对比于企业的初创期，在他们埋头做销售时，有一些东西正在流失，又有一些问题正在放大。他们可能看到了这些问题，只是没有勇气或者没有意愿去改变。

促销活动，既是这家企业的核心竞争力，也成为其包袱。这不是什么操作性的方法问题，而是营销战略问题。在经历了跑马圈地似的高速发展以后，营销思维的保守使得他们陷入了涸泽而渔的境地，患得患失的心态使得他们的进取心也在逐步丧失。这就像依赖湖泊而生存的渔民们，当大鱼被逐步打尽，出于对未来无鱼可打的恐惧，反而会变本加厉地涸泽而渔，因为自己不打，别人也会打，没有人会想让湖泊休养生息，最后就是大家都无鱼可打。18场促销活动不是和这种打鱼方式很像吗？

2. 农夫理论

农夫理论：营销就像种地，土地是市场，产品是种子，施肥浇水是推广，销售员是农夫……

有一天农夫突然发现，无论怎样辛勤劳作，那块地的产量还是越来越差，甚至有了荒芜的迹象，这能不让农夫感到恐惧吗？

前面的这位老总恐怕有的就是这份恐惧。因为他们曾拥有一片肥沃的黑土地，那时候基本不需要做什么，洒下一片种子，庄稼就会茂盛生长，我们收割都来不及，多么美好的时光啊！哪像现在这么麻烦，春生夏长、秋收冬藏。遗憾的是，无论主观是否承认，这块地已经不再是黑土地了，耕种黄土地的问题始终要去面对。

说起种地，有一个事实可能很少有人知道：为了果腹，人类经历了几千年的从土地里刨食的辛苦劳作，然而还是饥荒不断。最后解决人类食品问题的是二十世纪初化肥的发明和广泛使用，使得粮食的单位产量大幅度提高，人类从此摆脱了靠天吃饭的窘境。化肥的故事告诉我们，粮食生产提高不是靠老天爷恩赐和农民有多么勤劳，而是新科技和思维的改变，即"欲要取之，必先予之"。

3. 市场进化论

家居建材行业在20年的发展中经过了一个从无到有、从低到高、从缺到剩的发展过程，消费者也经历了从懵懂无知到精明狡黠的变化。这样角色反转是市场发展的必然，也是市场成熟的体现，任何人都无法阻挡。那种一味依靠消费者人性的弱点进行涸泽而渔的"连续促销"的营销模式一定会走到尽头。可惜的是，家居建材行业的营销思维的进化速度已经大大落后于消费者的成熟速度。**最后的结果就是市场进化形成革命：市场和消费者的不断成熟会倒逼我们营销思维的进化，这种倒逼形成的压力就会和我们既有的惯性发生激烈的碰撞，这就是所谓的营销革命，而革命是会"流血"的……**

对比革命的激烈和牺牲，改良却是渐进和温和的，造成这个区别的根本原因就是：革命是被动的，而改良是主动的。发现并适应市场的发展规律，并主动逐步采取相应改进措施，才能避免被倒逼得没有退路，这里笔者给出建议：

1）改变"黑土地"的思维，做好耕种"黄土地"的准备，克服"毕其功于一役"的懒惰思想，勇敢面对"新常态"。

2）以"脑白金"为代表的"蒙式营销"属于20世纪90年代，距离现在已经20多年了，我们先不论其对错，过时是肯定的。连史玉柱都早已另寻方法了，就不要奉其为经典了。

3）施肥浇水都需要投入成本，各位老总们要面对现实。若要让马儿跑，必须让马吃草。

4）学会"精耕细作"，不同地理区域、不同人群阶层、不同产品型号等均需要有针对性的营销策略，那种"眉毛胡子一把抓"的促销活动式的营销模式已经不能适应新的市场变化和满足客户需求了。

三、广告有用吗

1. 广告的集体无意识

前面提及了"脑白金"，要研究广告，就无法避开这个20世纪末最吸引大众眼球的品牌之一，形式简单、诉求显著、高频轰炸、效果直接是其最主要的特点。时隔二十多年之后，无论是广告界还是企业经营者都已经明白，这种模式已经时过境迁，成功也已无法复制，这从央视广告标王营销的衰落就可以看出。可惜的是很多老板在内心深处却始终无法放弃这种"脑白金"情结。暴风骤雨般的广告开路，销售人员和经销商的奋力拼搏，然后是盆满钵满的销售业绩，简单的三段论不断被当法宝祭出，理智上虽然怀疑，感情上却难以割舍。这就是最典型的营销懒惰思想。

广告，其作用直白一点说，就是让别人知道，让别人喜欢，让别人理解不同，最后让别人产生购买的欲望。

在激烈的竞争条件下，以知名度为主要诉求的告知性广告大行其道。例如家居建材行业的很多企业就信奉"设备+原材料+平面代言人"的运营模式。笔者做过统计，仅仅木地板行业聘请的明星代言人就超过150人。难怪有业内人士说过："将本行业的代言人聚在一起，其壮观程度绝对超过春晚。"

笔者有一个有趣的经历。在一个山东二线城市，笔者发现一个从未听说过的品牌用刘德华代言，而且刘德华的形象被堂而皇之地应用于他们专卖店的门头和户外广告之上。因为怀疑此品牌的实力，笔者满腹狐疑地询问一位朋友，他满面狡黠地反问："他们用的刘德华的照片有签名吗？而且所有的照片都是侧影，明白吗？"笔者恍然大悟，这原来是个"模仿秀"啊！真是很无语，看来聘请真实的代言人还属于业界良心了！

当然这是个极端的例子，不是主流，可是也反映了目前家居建材行业广告推广的现实问题：

1）将广告简单庸俗化，认为广告＝代言，造成影视明星在建材行业身价倍增。

2）崇尚知名度，忽视美誉度。有一个家具品牌邀请香港明星陈小春代言，笔者真的看不出这位"古惑仔"和家居有什么联系。

3）形式简单粗暴。一位明星大幅照片，加上品牌的名称文字，就形成了所有的广告画面。

4）抄袭和雷同。您知道范冰冰、濮存昕、蒋雯丽分别是多少个家居建材行业品牌的代言人吗？自己去数就是了。

笔者在河北的一个县城见识过"范冰冰一条街"，那是当地的一个综合性的批发市场，包括建材、服装、食品、日用品等。进了市场的大门口沿着入口两面的墙上贴满了各种产品的宣传海报，笔者计算了一下，带有范冰冰形象的海报有二十多个品牌，超过总数的一半。

这就是目前家居建材行业广告推广的现实状态。经过初期高歌猛进式的发展以后，现在各个商家面对广告推广是怀着又爱又恨的心态，总是感觉巨大（或者并不巨大）的广告投入似乎没用了。厂商对广告投入的惜"广"如金也与经销商产生了矛盾，一方面厂商对广告投入后的销售效果不满意，另一面却是渠道经销商抱怨厂商对广告投入得太少，生意不好做，造成了"鸡生蛋、蛋生鸡"的死循环。从开始对广告的盲目崇拜，对明星代言的简单依赖，演变到后来对广告的集体恐惧，最后形成了厂商们的广告集体无意识。

2. 广告的意义和无意义

前两个小节我们论述了促销活动的尴尬境地，与此相同广告推广也存在同样的问题，即相对于市场和消费者的进步，我们的方式和手段落后了。一般情况下，**无论是一个市场的发展，还是消费者的购买行为，都会经历一个从不成熟到成熟、从感性到理性的过程。**虽然中国市场和消费者相对更加感性一些，但不断理性化是经济不断发展的必然趋势。

例如，在2015年齐家网上海的"建材博览会"活动中，我们访谈中的60%消费者都会选择再去宜山路建材一条街看一看，然后再做决定。他们很清楚自己的需求，并没有被博览会现场的气氛感染多少。当然，那另外的40%消费者产生的销量可能已经能够达到此次促销活动的目标了，但是这个比例会越来越小。这个案例综合了促销和电商两个层面的营销因素，后面在电商章节里我们还会提到。

家居装修的消费，因为其购买金额大、购买频次低、产品复杂等特点，虽然第一次装修的消费者展现出了不同程度的不理智，但是客户消费的最后理性化是发展的必然。很难指望消费者在第二次、第三次装修时还能保持和初次装修同样的心态。认真地、虔诚地、积极地面对家居建材消费者的理性化趋势才能回归行业本质。

至于那些新品上市、促销活动等常见的暴风骤雨般的广告形式，与其说是广告，倒不如更像一种短期的告知。成功的广告应该能够做到：在消费者有新的消费需求时，脑海第一个出现的是你的品牌，这种品牌认知是非常牢固的，很难改变。要达到此效果，需要一个连续的意识强化过程，这就是所谓的"润物细无声"。

相对于"填鸭式"的被告知,这种由内向外的品牌认知给消费者的感觉更像一种主动的行为决策,而不会产生强烈的抗拒心理。

有人可能还记得奔腾剃须刀的广告,那句"爸爸,用奔腾吧"的广告语在一段时间内人人皆知。这是因为各大电视频道在黄金时间不断用广告轰炸出来的效果。甚至有那么一段时间,每当吃晚饭时,那位可爱的小朋友都会出现在电视屏幕上,忽闪着萌萌的大眼睛促催我买奔腾。因为不断的洗脑式的重复,久而久之,我的好奇和欣赏心就演变成了一种厌恶,甚至呕吐。难道我买什么牌子的剃须刀需要一个襁褓中的小孩子教育我吗?所以,在我原来的剃须刀坏掉,太太准备为我更换一个新的的时候,我果断的警告她:"除了奔腾什么牌子都行!最好是菲利普。"我不想以后每次刮胡子的时候有呕吐的感觉。

从被别人告诉应该买什么,到主动想买什么,恰恰就是消费行为的一种理性化的典型过程。有一句营销界的名言是"设法去影响客户的'心'而不是'手',因为'心'距离口袋更近一些。"消费者的心理,才是广告的努力方向。

我们比较一下两种不同广告方式的区别,见表2-1。

表2-1 两种不同广告方式的区别

	润物式	告知式
影响方式	润	浇
运作方式	细	粗
操作过程	静(无声)	动(有声)

从表中可以看出,告知式的广告属于粗放式的大开大合,相对丁润物式,它的特点是:

1)浇,资源投放多,规模大。

2)粗,运作粗犷,效率低。

3）动，强烈，快速。

3. 广告的主动变革

家居建材行业以前机会无限，大家跑马圈地式地快速拓展市场，新品上市的告知性广告大行其道。经过二十多年的发展，随着市场的饱和，告知性广告的边际效应快速递减，直来直去的单向思维使得大多数品牌对润物式的广告模式很不适应，"广告无用论"就产生了。我们可以得出的结论是：广告一定有用，只是不能这么做了。

那么还如何做呢？我们就从"润""细""静"三个字入手。

（1）润。

以人为本，对市场和消费者充满敬畏。变"我想说什么"为"他想听什么"，广告的形式要符合潜在客户不断成熟的购买心理（总拿人家当小孩子的人最后会发现自己才是小孩子）。如在设计建材市场内的指引性广告牌时，我们是否曾经从大门口到店面实际"走一趟"路线，并记录时间和目光所及之处，以增加广告牌的合理性？

商品产生的价值和消费者的需求良好契合，才是真正的广告诉求，也是广告的生命力所在。如前文所述，笔者看不到陈小春和家居的内在联系。

销售业绩只是广告的后续间接产品而不是广告本身的直接目的。

要学会"抚摸"消费者，而不是推他。销售有时就像相亲，男女见面时对各自的最终目标都心知肚明，时机未到时谁也不会说出来。广告设计时需要给消费者一定的想象和思考时间。

（2）细。

细分。广告形式的立体化。经常有人认为一种广告最有效，这就是单一的直线思维。公共宣传、渠道支持、促销告知、店面形象、网络推广等不同的广告形式均有其不同的功效，这里没有包治百病的良药，更不是找个代言人、设计 LOGO，再印刷几幅宣传画就万事大吉的事。要有一个整体性的广告推广策略，然后通过不同的维度和角度对市场和消费者进行综合性的影响。

有人可能会说："做这么多事情，我的资源不够。"那么事实可能会是：首先你的资源利用效率需要提高；其次是了解资源需要投入到哪里。还记得广告界的那句名言吗："我们的广告投入有一半被浪费了，只是我们不知道是哪一半"。最后广告可以根据现有资源进行阶段化实施，这里前提是要有阶段规划。

细致。工作要细致，同时照顾直接和间接客户的需求，如：你在为经销商店面提供宣传物料时，是否随之提供了一份使用说明并通过不同的形式告知他这些物料的功能；你在设计广告宣传品的字体和颜色时，有没有考虑老年客户眼睛的分辨能力，以及经销商制作能力和便利性（笔者就曾在为一家客户设计店面形象时，力排众议采用了纯黑色，其中一个原因就是"好复制，好统一"）。

（3）静。

静静。可能赶集的心态使中国的老百姓喜欢热闹，这也许是电视直销那种大吵大嚷销售模式的存在合理性。不过人终究会疲劳，有时候还需要静静。（记得李宇春在《澳门风云3》里出演的角色总是会说"我想静静"，然后别人就会问："静静是谁？"）广告的直接作用就是在人们心中植入一种思想，当然也会遇到克服天然的排异反应的问题。

有一个故事讲的是如何让猫吃辣椒，有三种选择：第一，你可以将辣椒塞入猫的嘴里，然后用筷子强力将辣椒通入它的胃里；第二，将辣椒放入鱼的肚子里，然后静静地看着猫吃下去；第三，将辣椒抹在猫的屁股上，然后静静地看着猫去舔。岂止仅仅是消费者，很多商家也很喜欢热闹。他们经常会把珍贵的广告资源仅仅用去营造一种自娱自乐式的氛围，看似一片繁荣，然而却是熙熙攘攘过后的寂寥。所以，克服自己图热闹的心态，停下来想想静静，思考一下在日常时间内如何影响消费者。如果你真的想做，广告公司会给你无数选择的。

忽悠。自从赵本山的同名小品问世以来，"忽悠"已经是一个流行语。主流消费者对于那种刺激肾上腺素的广告形式已经防御心态十足，夸张的语言和广告设计变得越来越不好使。众所周知，以红和黄为代表的警戒色，可以引起人们的注意力和兴奋感。然而如果当面对市场内一大片红黄颜色的宣传广告，再加上宣传品上满页密密麻麻麻的"蝇头小楷"时，消费者只能是眼花缭乱，哪个品牌也记不住。

放弃忽悠的心态，真心实意地将广告宣传作为和消费者进行信息沟通的方式，而不是靠过分地夸大去鼓动客户，如与其说橱柜的金属合页的寿命为可以正常使用一万次，就比放心使用十年来得好。

■ 四、当团队不再有激情

1. "人海战术"式的加减法

一家浙江的建材企业 AX，其规模和影响力在业内属于中等，市场覆盖中国市场一半的省市，产品主要面对二三线城市市场。看似一切平凡，但是他们却拥有着惊人的销售部门，最高峰时拥有一支 200 人的销售团队。这个团队平均年龄 25～27 岁，来自全国五湖四海，在销售总监的带领下精神抖擞、士气高昂。其市场拓展是采取"集团冲锋"的战法，即短期内在一个区域市场投入几十人的力量，在各个建材市场进行饱和"扫街"，遍地开花。这种人海战术的方法可以集中优势兵力，将一个区域市场足够细分，降低单个业务员的工作难度，弥补了单兵作战能力的不足，能够在短时间内将一个区域的分销网络建立起来，然后再开发另一个地区。如果已开发的地区经销商流失到一定比例，他们会在此地区再次进行同样的活动将渠道恢复。此模式在一段时期内屡试不爽。

与此相反，该企业的市场部却只有4人。因为该企业采取的是扁平化的渠道模式，意味着市场部门需要服务几百名经销商，包括价格、品质、客诉、物流、促销物料等繁杂的事宜。因为工作的应接不暇，经常产生经销商的诉求得不到及时满足和回馈的情况。有时几年也不召开一次经销商大会，更不用说培训和业务指导了，造成分销渠道的凝聚力不高，企业和经销商更像一种普通的贸易买卖关系。

这种模式下一个明显的后果就是他们的业务员和经销商的流失率非常高。通常一名业务员在企业的工作时间不超过2~3年，经销商对厂商的后续服务和支持也是怨声载道。不过企业并不是特别在意这一问题，其应对策略就是重新进行招聘和招商，吐故纳新就是了。企业对营销团队的管理也很简单，老总和营销老总虽然已年过不惑，却能够和年轻人一起同吃同玩、一起唱歌跳舞，企业文化活动搞得有声有色。即使销售人员的待遇不高，员工忠诚度也还过得去。

然而接下来发生的情况却将这一切改变了，随着可开发市场空间的缩小、经济形势的下滑，特别是几位主要干将的离职，团队急剧萎缩到了三四十人，且变得越来越不稳定。经常的招入新人后，"90后"成为营销团队的主力。他们因为工作的辛苦程度和生活的压力对待遇的要求越来越高，而且老总们以前笼络"80后"的管理方法在新一代年轻人面前也逐渐变得乏力。

同时，销售团队的变化直接导致了既有营销模式的困难。团队人员的不足，无法形成绝对优势兵力，使得每名业务员的工作压力变大，而且业务员也不再像以前那样"指哪打哪"。工作态度和能力的问题相互作用，使团队整体的"战斗力"越来越弱，当然营销的效果也就越来越不理想。

一年以后，在一次家居展销会上，笔者在该企业的展位看到那位营销老总和他的团队西装革履，每人手持一台 iPad，结合展品，熟练地为每一位顾客讲解产品性能……笔者明白他们已经开始走精兵路线了。

2. 狼和狗

以华为为代表的狼性原则在过去的三四年甚嚣尘上，每当笔者路过一个机场的书店，都会看到连篇累牍的"狼性"和"亮剑"教学视频而不胜其扰。在一些商务晚宴时，也会频繁听到企业老总们侃侃而谈，主要话题是他们对狼性原则的理解，以及计划在企业内部如何推广。虽然狼性原则的风潮被后来的国学热所替代，笔者还是明显能够感觉到企业经营者们对狼性的欣赏和崇拜。

笔者对此却不敢苟同，笔者的观点是：狼性原则本身就是个伪命题。这里面至少存在三个悖论：

首先，狼是有自己的基因的，羊是无法在短期内进化成狼的。

笔者在十几年对营销人员的培训经历中经常发现，那些在开始就斗志昂扬、聪明好学的学员往往收获最大。他们能够快速捕捉到新知识、新方法的要点而提升自己。反之，那些思想负面、精神萎靡的学员却往往变化不大，即使是有一时被激励起来的激情也会很快消退，对这些最需要学习的学员雪中送炭的效果反而十分有限。

狼性原则本身就包含态度和方法两个层面，看到猎物后奋勇拼搏的勇气和高超的狩猎技巧缺一不可。可惜，很多企业老总更加看重的是前者，他们希望自己的"小狼们"面对凶猛的动物时个个都能奋不顾身、一往无前，不要犹犹豫豫、瞻前顾后。

这里面的机关有一个小故事可以将其深刻开启：

在悬崖上面，狐狸指着天空中的雄鹰对一群小鸡说："不试一下，你们怎么知道自己不能像它那样飞翔？"然后，在小鸡一只只跳下悬崖后，狐狸则在悬崖下面收获着自己的美味……

这个故事虽然残酷，而且逻辑也未必完美，然而它能够广泛传播，最低限度说明了新一代年轻人的心态，拥有狼群，谈何容易！笔者并不是个出身论者，但事实是通过教育和管理促使羊进化成狼是需要大量的时间和成本的，希望速成的企业往往不愿意或者无能力付出这些成本。试图改变人的心态是最难的，往往比让人按照一定的规则做事还要困难，通过引入狼性原则来节省管理成本，很有可能是缘木求鱼。

其次，狼是吃肉的。你甩出几根骨头，吸引来的只能是狗。

华为，可能是引入狼性原则最成功的企业，但是大家知道电讯行业的平均利润率吗？知道华为为每位员工提供的待遇条件吗？笔者的一位朋友通过十年的打拼，已经是华为一个事业部的项目总监，为此他付出的代价是：长期在条件艰苦的非洲工作；每天工作 10~16 个小时；每年能够见到亲人的时间不超过 1 个月；他的妻子和儿子已经对他产生了陌生感……不过他每年的收入可是以百万元计的，还有员工股份！

请牢记，想吸引来什么角色，关键看你提供的食物是什么！如果想吸引狼，必须有肉。遗憾的是，很多企业总是设法让自己的"小狼"自己去找肉吃，甚至还要在肉上切除很大一块，作为"平台管理费"。总感觉这些狼不像是狼，而是狗。

当"狼狗"也没关系，不过狼和狗的一个巨大区别是狼会自己主动寻觅猎物，狗则需要猎人明确指明猎物的方向，并提供猎枪的保护。聘用狼还有一个风险就是当狼捕捉到了猎物，而你又试图去切一块作为"管理费"的时候，如果狼的野性爆发，它也会咬你一口的。实话实说，当畅谈狼性原则的时候，扪心自问，你真的需要狼吗，抑或只是需要"狼狗"。看过《狼图腾》电影的人一定会深刻理解狼是什么，那绝对不是你想要的。

伴随着狼性原则，还有一个副产品就是执行力问题。问题又来了，狼的执行力来自哪里？好似更多是狼自发的本性；狼狗的执行力呢？则是猎人的命令，这个根本的不同也决定狼狗还是狗，不是狼。作为企业经营者，即使是像海尔那样实施最开放的运营模式，还是需要划一个圈子。你可以在圈子内扮演狼的角色，出了圈子则还是狗，作为商业规则，这是完全正确的。

很多企业老总来找笔者做执行力培训，他们感慨员工的干劲不足，经常一个指令下达后什么也不会发生，抑或遭遇员工的质疑和反弹，深感执行力有问题。他们也非常希望能够令行禁止，员工能够整齐划一、不折不扣地像狼一样执行他的决策。笔者首先提出的问题就是："你需要狼还是狗？"更多情况下，老总们的回答都是沉默。

将狼性原则和执行力等同为"听话"和"拼命"是不现实的。在现在的大环境下，评估"做""不做""做多少"，即是商业本质也是人的本性。

最后，狼的栖息地在哪里？

"我是一匹来自北方的狼，走在无垠的旷野中。凄厉的北风吹过，漫漫的黄沙掠过。我只有咬着冷冷的牙，报以两声长啸。不为别的，只为那传说中美丽的草原……"

《我是一匹来自北方的狼》这首歌简单阐明了狼来自高寒的北方草原，它深感生存环境的凛冽和腹内的饥饿，梦想不过是要温饱和带来温饱的美丽草原，可以看出狼从始至终就被自然选择成为一个需要不断为生存而奋斗的物种，独立应对恶劣生存环境的技能被深深植入了狼的基因。这和它们的近亲——狗有着本质的不同，因为狗在人类的群体中进化出了与人类共存的技能，如看家护院和宠物的功能。

如果我们将市场比喻成大自然，企业家创立的公司就相当于那个人类群落。在企业管理制度、组织形式和文化的环境下，员工作为一个"物种"的进化方向是显而易见的。企业管理者总是希望员工能够对外具备狼性，而又希望他们对内（特别是对老板和公司）忠诚、听话、有执行力、任劳任怨。结论是企业经营者从内心上需要的是狗而不是狼，在企业的环境框架和管理者潜移默化影响的作用下，希望员工能够持续保持狼的进攻性和激情是不现实的。

2016 年，华为出了很大的问题，他们的营业额同比增长了 30%，但是利润却基本徘徊不前。因此老板任正非重新祭起了"狼性"的大旗，裁减"狗性"臃员以降低成本，呼吁重树华为狼性精神的大旗，强化危机意识等。笔者不认为这个措施会很成功，因为重赏之下的"狼"早晚还会变成"狗"，如何建立常态化的制度去管理"狗"才是华为真正该去做的事情，毕竟"猎人"需要"猎狗"帮助狩猎而不是"野狼"。随着人们生活水平的提高，"猎狗"会越来越多，狼也就趋向灭绝了。

3. 养兵千日，用兵一时

还有一些老板特别喜欢军事化管理，因为这样管理成本低、执行力高、团队精神强、对外有群体的战斗力。此模式的榜样企业也很多，如海尔、华为、富士康等。那么问题来了，军事化管理真的适合你的企业吗？

从军事学的角度，一支军队的管理和运作向来就包含军事和军政两个层面的工作：军事是如何用兵，军政是如何养兵。被中国人所敬仰的著名军事家诸葛亮就是军政奇才，军事庸才。他所训练出来的 6 万蜀国兵被公认为是三国后期战斗力最强的军队，而诸葛先生的军事指挥能力和战果就一直被人们诟病。很多企业经营者对军队的战斗力十分欣赏，而忽视了军政这个战斗力的来源。领导阅兵时的感觉是不错的，但是如何让数以万计的士兵们能够整齐划站在一起供你检阅，这里面的复杂工作绝对不是几句口号就能替代的。仅仅靠口号和激情建立的不是军队而是游击队或者其他。

被很多企业高管所推崇的电视剧《亮剑》里面的独立团的战斗力非同一般，"佛挡杀佛，神挡杀神"，可是团长李云龙是怎样成就这支队伍的：为了保护士兵的生命牺牲了自己的老婆；为警卫员报仇而违反军纪被撤职……试问又有谁能够做到！建议老板们在为"亮剑精神"感慨的时候，**还是静下心来思考一下能够在制度和激励层面为员工们做些什么，毕竟员工和企业本质上也就是个契约关系，而契约精神里面的核心就是对等。**

有很多管理者感叹：现在"80 后""90 后"的年轻人越来越不好带了！殊不知，几年后"00 后"就要进入职场了，不知道他们是否做好了准备。现状是"80 后"已经娶妻生子，"90 后"正在谈婚论嫁，"00 后"蓄势待发。不仅如此，这些年轻人的父辈们经过艰辛的努力已经有了一定的经济基础，他们面对的不是荒原而是农场，他们没有饥饿感，所要抉择的不是是否能够"吃肉"而是肉的肥瘦问题。我们可以根据自己的经验将他们叫为"少爷兵"，然而有的选择吗？"用饥饿和欲望来驱使"的方式很可能一去不复返了，管理者还能发现或者有能力使用更加适合的方式来管理和激励员工吗？

营销人员很大程度上更像军队里的特种兵。而特种兵因为任务的特殊，天然就具有军衔高、待遇好、装备强、训练足等优势，这些优势就是"养兵"的结果。由于对营销的粗浅理解使得一些管理者认为，只要开个誓师大会、喊几句口号、承诺一个美好的图画，然后将销售员一脚踢向市场就万事大吉了。究其原因就是他们不愿意"养兵"。这里面的深层原因很可能是：

（1）舍不得做。基于传统农耕经济和第一次工业革命的思维，一些老板对于如设备、材料等看得见摸得着的实物资产情有独钟，而对管理制度、员工成长、技能培训、企业文化等软实力吝于投入。对比科学化、常态化的建设，他们更加愿意选择洗脑方式来解决人员管理问题，因为这样成本最低。

（2）不愿意做。相对于机器设备、厂房材料等有形资产，人作为万物之灵长则是最难管理的。部分老板嫌麻烦，不愿意抽丝剥茧去做那些"细枝末节"的工作。既然所有的过程都是为了实现一个目标，那么最简单的方法就是直接管理结果，"画一张饼"就够了。营销人员完成销售目标，激励的成本也是从销售收入里提取；完不成的话，企业更不需要做太大的投入，稳赚不赔。

（3）不知道如何做。家居建材行业作为中国市场化程度最高的行业之一，大量企业仍然在被创始人运营着。因为历史、文化、思维模式等因素的局限，他们对人员的管理方法还处于"十几个人，七八条枪"的原始阶段。当面对接受过良好教育的新一代年轻人时，他们的技能就有些捉襟见肘了。

（4）自卑心理。面对生活条件优越、充满新思想、新价值观的年轻人，那些已经"知天命"的老板们，对比自己饥饿的童年、艰苦创业的青年、辛苦操劳的中年，多多少少会因为"羡慕、嫉妒、恨"而产生一些自卑感，同时又执着地坚持自己的成功理念。一番纠结的结果是，他们更加愿意将那些"异类"关进自己设计好的"笼子"里，不愿意进笼子的人，那就请他走人，结果冲突就产生了。

4. 那该怎么办

第一，改变思维，无论曾经多么成功。

（1）没有包治百病的良药。**把任何事物的原因和问题解决方法都归结为一句话是一种懒惰的简单思维，而事实上其缘由大都是多种因素共同作用的结果。**（通常会见到的典型反面事例，如"如何在三分钟内搞定客户""如何用最简单的方法让员工跟我走""如何让员工用最快的速度转变为杰出的销售员")学会复杂化、立体化的思维,对企业管理者是至关重要的,尤其是对那些正在规模化发展的企业。

(2)发现方案B。我们通常都会因为发现一个近乎完美的解决方案而欣喜不已,甚至还有点沾沾自喜。这时候建议管理者们:无论该方案看起来多么无懈可击,还是要去尽力研究一下有没有可替代的B方案,甚至C方案。这样做的好处是:充分发挥民主,因为你的地位和职位很可能正在压制更好的方案;多一个方案可以防范未知的风险,方案A一旦出了问题不至于手足无措;培育一个包容、开放的氛围,有利于凝聚最大多数的员工。还有很多,大家自己去思考吧。

(3)先说是,再说不。无论你的经验曾经多么成功和有复制性,也无论对方的提议看起来多么荒诞,先肯定它,不要打断,让他把话说完,这是一个优秀的品德。现实快节奏的生活和工作压力使我们越来越缺乏耐心。认真将对方的话听完或者看完一段长文字,听到你认为不对的观点而不立刻去反驳,沉住气听完较长的一段笑话等,这些都成为一种奢求。无论对方是谁,做到对事不对人,先肯定对方观点的合理性,再发表自己的观点,这是作为一名企业管理者必备的素质。

第二,放低身段、尊重人性、以理服人。

在以平等、人权为大的发展背景下,家长式的高高在上的作风变得脱离时代了。一些管理者在奖励、夸奖下属时不自觉将自己置于裁判者和施舍者的位置,结果是付出以后却得不到正面的反馈,事倍功半。如著名的"慈善家"陈光标在纽约向美国穷人发现金的行为得到的却是人们广泛的诟病,特别是他要求取得现金的人必须手持现金和他合影,这严重损害了受益人的个人尊严。请记住:每个人,无论他的经济水平、知识水平、社会地位怎样,均有自尊,请在奖励或者批评时兼顾到他的面子。

第三，信息的力量。

管理学认为人的力量来源于三个方面，即职位力量、信息力量、个人力量。我们可以扪心自问，自己平时用的哪种力量最多？恐怕是职位和个人吧？这两个力量和个人自身息息相关，当你的职位和个人魅力不足以影响别人的时候，恐怕就要寻找第三者信息的力量了，而信息力量的最大特征是客观，是任何人均可以努力取得的。在互联网时代，任何人试图垄断信息变得十分困难，作为先天拥有职位和个人力量的管理者迅速弥补信息力量这一短板，变得十分紧急和必要。例如，本人经常遇到别人提出高难度的问题，而笔者只是简单问一下"百度"就解决了。

第四，行业本质不同。

家居建材行业本质上属于耐用消费品，应该和汽车等行业类似，然而我们的营销却走向了快消品的模式。关于这点，你看看自己销售部人员的行业背景就知道了。耐消品和快消品对营销人员的素质和行为要求本是不同的，问题是只求营利的营销方式促使我们的营销部门摒弃了行业本质，一味追求短期利益，结果是员工为了考核指标"游而不击"，或者竭泽而渔。他们忽视耐消品产品品质、售后服务优先的基本属性，将快消品短、平、快的模式不断发扬到极致，自己也变成了短、平、快的营销人。在木地板基地南浔、陶瓷基地佛山、水暖基地玉环不是充斥为数众多的、频繁换老板的"销售总监"吗？这不是他们的错，而是被逼的。

作为企业老板，如果需要评估一下自己的营销，最简单的就是看一下你的营销负责人有没有在您的企业任职超过五年。认清自己的行业本质，建立合理的营销周期和销售指标，并能够配套相适应的产品营销组合模式和激励措施，才是稳定并提高营销能力的不二手段。

五、经销商的博弈

中国的市场地域广阔、层次复杂等特点直接决定了流通渠道的重要性。对于家居建材行业的企业来说，在很长的一个阶段内是不可能离开传统渠道分销体系的，也就是说老板们和经销商博弈性的合作，或者说合作性的博弈可能是持久战。

在家居建材行业，渠道的管理和开发一直是各个厂商最头痛的问题之一。有一点各位老板们可能感同身受，就是那些经销商们可以分成两类：一种就是"烂泥扶不上墙"，自己能力不足，总是以小生意人的心态，斤斤计较，不愿投入，业务一直做不好却是满腹牢骚；另一种就是心高气傲，稍微做得不错以后就自信满满，开始对厂家指手画脚，或者"拥兵自重"不断向厂商要这要那，渐成尾大不掉。然而经销商们也是满腹委屈，各个品牌厂商要么就是一毛不拔，自己不做广告投入，却总是希望经销商扩大销量；要么就是强势压人，店大欺客，动不动以取消经销权相威胁。这种"鸡生蛋，蛋生鸡"的游戏不断上演。

这种"剪不清，理还乱"的现象，如果想去解决的话，首先要理清厂商和经销商关系的本质。简单地说就是经销商到底是厂商的客户，还是像伙伴那样的共同体。

笔者曾经在一家欧洲世界级的建材企业工作过，当参观坐落在瑞典的总部时，如果谈及经销商，大家都会用 Customer，而不是 Distributor 来称谓，也就是说各个经销商是这家公司的客户，而不是批发商。这种"客户"的定义也就奠定了他们和经销商所有合作关系的基础，即简单的、松散的买卖利益关系。反之，在中国以娃哈哈集团为代表的联销体模式，虽然目前有些式微，但是却率先树立了厂商和经销商利益共同体的关系。这种模式明确了一个概念：经销商是企业肌体的一部分，是合作伙伴，而市场消费者才是真正的客户。这个定义将企业的营销边界延伸到了市场消费者的 B2C 层面，强调了厂商和经销商的共同利益点，就是终端消费者的行销，而不是他们之间的 B2B 利益内耗。

笔者认为：商人的趋利特性是天经地义的，也是商业的最大道德，这无可厚非。如果厂商将经销商定义为买卖关系的买家，他就是买家；如果定义为企业延伸的伙伴，他就是伙伴，这一点值得家居建材行业众多的企业们去领悟。

六、开始改变观念

1. 不得不承认：营销不等于卖货

这一点已经成为先进企业的共识，营销的终极目的当然是要将商品卖出去，以实现其商业价值，然而其过程和目标却不仅仅是卖货。一个最简单的例子：我们受教育的目的，是为了考大学还是为了获得知识？当你获得录取通知书的一刹那，可能感觉答案是前者；然而事过十年以后，可能会领悟到是后者。如果将营销的目标定义为卖货，那么又将营销的目的定义为什么，想过吗？目的和目标会有些不同。

2. 无法改变的趋势：他们会越来越难搞

在笔者读大学的二十世纪八九十年代，港片盛行，让笔者印象深刻的是香港电影中富豪的象征——奔驰和劳斯莱斯汽车。那时候笔者和其他同学一样给自己定了一个"大目标"：拥有一辆自己的奔驰，和坐一次劳斯莱斯。二十年后，这两个目标都实现了，遗憾的是笔者并没有成为富豪，因为那时候需要几百万元的奔驰，现在几十万元也就够了。奔驰汽车已经走下神坛，进入了千家万户，骄傲的"大奔"也在拼命做广告和拼销量了。

对于市场来说这是好事，说明了市场成熟和理性的回归，然而对奔驰来说却已经是风光不再，只能低下高贵的头去设法和先行进入的奥迪、宝马争夺市场了。这故事印证了一个不争的事实：希望通过市场的信息不对称和消费者不成熟来赢得市场的做法已经是昨日黄花。如果你觉得现在的消费者已经比原来"难搞"的话，那么以后只能越来越难搞，跟不上市场进化步伐的企业最后只能被市场淘汰。

3. "吹拉弹唱"，一个都不能少

记得以前总有一些一曲成名的歌手，靠一首歌可以吃一辈子，现在呢？不要说是一首歌，就是一段时间没有露脸，马上就会被大众忘记。在建材家居行业，每个成功的企业都有曾经百试百灵的"撒手锏"，但是现在却不怎么好用了。一些情况下是这个"撒手锏"过时了，有的时候却是依然灵验，只是独木难支了。营销，本就是一门综合的多项选择题，一味药就包治百病本就不合理。现在是全面营销的时代了，"吹拉弹唱"一个都不能少，才能够形成美妙的交响乐，因为会"独奏"的人太多了。

第二节　先从简单的营销切入

如果您通过前面的阅读得出了营销是很复杂和神秘的结论的话，就被误导了。事实上，营销从行业的祖师爷陶朱公（范蠡）开始已经被研究了几千年（后面我们还会提到这位祖师爷），它并不是多么高深的学问，只是当我们还不明白营销的本质是什么时就已经开始营销了。对于营销的学问，从实用主义的角度来看，我们只是需要老老实实做好应该做的几件事就足够了。

一、为品牌注入基因

1. 品牌的基因注入

品牌，说白了不过是一个名称。"只要别把我的名字叫错就可以了"，这是很多老板的共识。问题是没有一个美女会愿意自己的名字叫"王钢弹"，更没有人愿意被别人以身份证号码称谓。每个父母都会给自己的孩子取一个有意义的名字，何况是一个企业的品牌呢？好吧，以"王钢弹"为例，"王"是姓氏，代表一个基因的来源和传承；"钢弹"是名字，是父母希望他（她）能够在有限的生命里坚强、威武。如果"王钢弹"有一个弟弟叫"王钢铁"也表明了他们之间的基因关系。同理可证，品牌一定是有其内涵和基因的，绝对不是一个名字这么简单。

2. 品牌的基因排序

前一段时间，网上有一个帖子，就是将全国几十所大学的校训进行了一下总结和对比，结果发现"博学、厚德、笃行、求实、创新"荣登榜首，被大多数的大学采用，引起莘莘学子的一片哗然。与此相似，反观我们众多的企业文化和品牌文化，如果有人调研一下，笔者绝对相信这种雷同程度会大大超过学校的。能够理解的是，同为大学教育，各个学校之间的精神肯定会有相似的地方。同是做企业，什么"分享""团队""奉献""卓越""服务"等词汇肯定也都是企业文化和品牌内涵等的不二之选。问题是当我们热衷于这些高端词汇的时候，是否真正思考过你的不同，例如中国姓张的人有近一亿，然而名字均不相同。

笔者曾经就读的天津大学，前身是中国的第一所大学——北洋大学。作为理工科的学校，其校训是"敬业"。几十年过去了，笔者现在还记得并严格遵照执行。当然笔者觉得学校的校训不仅如此，"实事求是"也包括其中，不过是从属的，牢牢记住的还是"敬业"，所以这里面就有了一个优先顺序的问题。当我们将能够想到的华丽的词汇做堆砌的时候，需要明白的就是第一个词是什么，为什么是它。

如果说企业的品牌是一个产品、企业精神基因的总结的话，那么一定要将这个基因中一系列基因片段按照重要顺序进行排序组合，而企业一定要抓住的是那个最重要和最关键的部分，而不是面面俱到、人云亦云。**请牢记：人和大猩猩的基因有98%是相同的，就是那剩下的2%决定了我们成为万物之灵长。**

3. 品牌基因的展现

一旦基因被锁定了，它会通过一定的表现形式展示出来，就如同人的外貌一样。品牌的众多"外貌"元素中，好看绝对不是最重要的，品牌形象与基因完全的契合才是需要尊崇的基本原则。仅仅从企业的标志颜色这一点，这样的例子就数不胜数：IBM著名的深蓝色，贴切地体现出了"商务蓝"这一主题，而被命名为IBM蓝；苹果公司苹果标志和其他标志色中的黑色和白色，无不体现出了简洁、时尚，追求事物本源的特质。

当我们进行企业VI设计的时候，就如同母亲在怀胎。在这十个月的每一分钟，妈妈都在将父母的基因注入婴儿体内，哪怕生下来的孩子并不漂亮。哪怕现在的整容水平多高，整容后看起来总还是别扭，或者变成"大众脸"。所以，一旦品牌的基因设定完毕，就让它该长成什么样就是什么样，切不可因为一些人自身的好恶去随便整容。

■ 二、变革渠道

1. "三年魔咒"的克服

在家居建材行业，大部分企业的分销渠道都是随着逐步招商和企业的不断发展建立起来的。在开始的阶段，企业的渠道管理能力和经销商的营销能力均处于初级，属于"双弱"阶段。幸运的是，产品的适销对路和市场的繁荣，也使得他们一路高歌猛进，鲜有闲暇去思考战略布局、渠道网络规划。在经过初期"摊大饼"式的经销商网的发展以后，形成了一个巨大的、松散的充满矛盾的"贸易联合体"。这种基于最初初级买卖关系的联合体就像一大片同一木种的灌木丛，广大而脆弱，抵抗自然灾害的能力低下，形成了行业内有名的**"三年魔咒"，即企业在第一期的渠道招商完成以后，就会在约三年以后遭遇急剧的"渠道退化"，而在前期的边际资源耗尽以后，其渠道重塑、二次招商等转型的措施会变得十分痛苦和艰难。**

一家位于行业领导地位的壁纸品牌，通过五年的运作，在全国数十个省市拥有超过600家带门头的专卖店，表面风光，但是销量却在以每年50%的幅度下降。走进他们的品牌专卖店，会发现其产品的店面出样率不超过50%，竞品正在侵入他们的店面体系。经销商们也因为产品花色、渠道窜货、支持不足、电商冲突等问题而士气低落、怨声载道。

等企业老板想从根本上改变的时候，却发现拿不出任何可以激励经销商的东西：没有渠道管理政策，没有营销支持体系，没有渠道培训系统，渠道管理团队涣散，品牌退化和产品老化，以至于开一次全国经销商大会的能力也不具备。企业的高管层也意识到了以上问题，但是积弊难返，业务的下滑已不容耽误，只好斥巨资引入一家咨询公司，在不到三个月时间快速完成所有渠道管理体系的搭建。虽然其行动可算迅速，但后面的政策推广、渠道重塑、再招商等工作的周期也长达两年，其艰难可见一斑。

近期在家居建材行业，"渠道扁平化"的呼声很高，好似去除中间环节，降低渠道成本，就可以使经销商因为有钱赚而焕发活力。前面提到的那家壁纸企业从头开始就是扁平化的，也还是遇到了问题。由此看来渠道的形式没有"万能药"，渠道是不是一个有机性的整体才是重要的，有大树、有灌木、有小草、有动物才能组成一个生机勃勃的森林。将渠道按照一定的规律和法则编制成一个立体化的体系，从深度和广度上有通盘的设计，才是克服"三年魔咒"的良方。

2. 渠道的结构和向心力

在渠道建设中，因为产品特性、营销模式、市场行业环境等特定因素会产生形式各异的渠道模式和结构。在目前中国各个行业内部产品同质化还比较严重的情况下，就更凸显出渠道优势在整体营销体系中的重要性。例如：国内食品行业巨头娃哈哈的代表性产品——饮用水和营养快线，不是什么有创造力的产品，宗庆后独创的"联销体"渠道模式才是其竞争力核心。工厂的产品如何通过其庞大的分销体系销售出去，才是娃哈哈最关注的课题。

作为大众衣食住行之一的家居建材行业，表现出了和快消品类似的特征，渠道的广度、深度和合理性决定了企业的成败。食品是有保质期的，因此食品企业渠道的效率更加重要。而家居建材，某种程度上属于耐用消费品，渠道的稳定和对售前售后的延伸服务能力更加重要，建立一个持久稳定、充满向心力的渠道结构才是本行业的渠道特性。

所以行业企业在建立渠道时候，为了满足以上要求一定要遵循几个原则：

1) 厂商和经销商基于买卖的单纯贸易关系是无法持久的，这种松散的合作关系是无法提供持久、高品质的渠道的。

2) 相对于经销商和厂商之间的销售额，厂家更应该关注经销商和顾客之间的销售，并能够帮助其销货。渠道库存越来越成为厂商而不是经销商的压力了。

3）设法将厂商的影响力从经销商个人延伸到终端，甚至消费者端，以提升渠道整体的服务水平和营销能力。

4）在市场缝隙越来越狭窄的大环境下，经销商优胜劣汰的竞争模式已经让位于主动帮助经销商进步的合作模式。

三、终端的前置

1. 重新认识终端店面

"终端店面"好似天生就是一个整体词汇，告诉我们终端就是店面，结果是大量的营销资源被集中到了这里。问题是家居建材和便利店是不同的，便利店超市等更加关注顾客在店面每一天的消费频次，而建材市场在周一到周五却是"鬼也不见一个"，等到重金打造的专卖店一周只有两天才有用，这岂不得不偿失？作为耐用消费品的家居建材，如果也将营销终端限定在店面，多少有些东施效颦。作为我们赖以生存的店面的意义，也许需要重新认识一下了。

终端不等于店面。"终端"顾名思义就是商家和顾客产生直接业务关系的最终界面，将其与店面混同，等于将商家和顾客的接触面仅仅定义在了店面，也就是"坐商"等客上门的思维。这种思维在当代千变万化的多渠道、立体化营销的时代完全过时了。

终端应该在哪里？应该在消费者能够感知到的任何层面，在建材市场、在小区、在店面、在互联网等处，最后形成一张终端网络，也就是通常意义上的全渠道动态营销。在这个网络里，店面不仅仅是一个卖货的终端，而是非常重要的阵地和支撑点，是整个渠道网络能够顺利运转的动力，可以将之称为"动态终端系统"。

店面的层次和布局。店面的结构应该是多层次立体化的，通过把握一个地区的市场形态，有计划性地进行店面布点，形成旗舰店、专卖店、店中店、专柜等不同规模的店面体系，能够充分发挥店面的效率并节省成本，同时各个店面之间又可以通过不同的出样，互相依托，取长补短，以获得整体市场额的最大效能。

2. 全终端化和无限接近

如上所述，我们对"终端"进行了走出建材市场的"前置行动"，即消费者在哪里，终端就在哪里。这种前置已经把店面终端的定义进行了割离，并将传统意义上的广告也归纳为终端的一部分，也就是我们在广度上将每一个营销的"触角"进行了全终端化的定义。在深度上，这些触角的终点应该要渗入消费者的心智，才能够达到营销的作用。这是终端的最佳效果，我们很难一蹴而就，但是可以通过终端边界的不断推进，进而无限接近消费者，即**终端边界的六步推进法**。

第一层：店面。这方面各位商家已经驾轻就熟，无须赘述。

第二层：建材市场。将其纳入我们的终端系统，在所处的建材市场对广告推广、客源引流、商户合作进行有意识的规划和实施，扩大自己品牌和店面的影响力，毕竟建材市场是优质客源最集中的地方。

第三层：所在地区。一般建材市场在建设时都已经规划好了其辐射的区域范围，那我们就需要在此范围内进行直接的市场推广，每个小区、每个写字楼、每个饭店宾馆等均是潜在目标客户。因为建材市场既有的辐射力和地理条件的优势，比起在整个城市遍地开花的开发方式，成本较低和效率较好，特别是那些拥有很多建材市场的大型城市。

第四层：住宅小区。如果能够突破小区保安和围墙的限制进入小区进行营销推广，那么恭喜你已经跨出了成为"行商"最关键的一步，将以店面为主的阵地战改变为以营销行为为核心的运动战。

第五层：入户。这是"动态终端"的攻坚战，大多数销售员都有被客户拒之门外的惨痛失败经历。这种失败是致命的，会造成耗费大量的营销资源以后无功而返，更严重的是这会打击销售团队的士气。造成这个问题的原因是我们将小区推广简单理解为"扫街"式的上门推销。前面我们将终端前置的行动整体定义为运动战，但是在消费者的门前又改变成为阵地战，而阵地战和运动战的规律却是完全不同的：运动战讲究的是速度和冲击力，阵地战是强调方法和耐心。

进入了小区，好比是占领了城市攻坚的外围阵地，如何能够坚守这个阵地，不被保安驱逐；如何在小区内"螺蛳壳里做道场"般地做宣传；如何在小区公共场所接触潜在消费者；如何能够进入楼道；如何能够敲开住户的大门而不被拒绝……这都像攻城战中一个个拔钉子般的艰难，需要自己的规划和细致的工作。

第六层：里应外合。入户是艰难的，然而最坚固的城堡最容易从里面攻破。能够直接跨越客户大门的不是人员，而是信息，这时候就要看商家在其他推广渠道的工作力度了。消费者在你进入家门的时候，如果头脑中已经拥有了你的产品的相关信息并产生了一定的需求欲望，当你敲门的时候就可以形成"里应外合"的效果。传统的广告牌、高炮等途径只是外部的影响，而电视、广播，特别是互联网则可直接穿墙而过。

简单一点说，我们全动态终端的边界在哪里？如果要用有形的事物去定义的话，就是在信息抵达消费者的各个界面：电脑显示屏、手机显示屏、广播音响、人体五官等最直接的信息感知渠道。

■ 四、恰当实用的广告与推广

1. 哪种广告最合适

在家居建材行业，广告曾经是营销中最简单的工作，一张范冰冰或者刘德华的签名照片就可以使一个品牌辉煌数年，好的话成本也不过二三十万元。然而到了今天，我们再熟悉不过的广告模式好像变得越来越不灵了：广告的边际效益急速衰减，尽管资金投入巨大，形式花样翻新，而效果却总是不理想。厂商们因为怕广告投入错误而血本无归，对广告总是踟蹰不前；经销商们却抱怨厂商不做广告，使他们的业务发展受到制约，悖论总是存在。

究其原因，是企业们在原来"简单粗暴"的广告模式不适用了以后，迟迟拿不出行之有效的替代模式，结果是不得不保持原来的广告模式，并将广告强度降到最低，或者停止一般意义的广告，将品牌传播的资源转而投入到渠道终端建设。这种尴尬局面的形成，根源是厂商们的广告已经不适应新形式的变化。广告是一种无形的投入，尤其对于依靠有形的产品生产起家的大多数家居建材企业来说，总是希望将广告投入的收益最大化，最好是能够立竿见影，带来销售量，继而扩大品牌影响力。这种思维有时候让一个广告背负了太多的目标——促销、品牌、招商、公益等，最终变得"四不像"。

让广告回归纯粹，可能是最好的解决方案。让促销广告、品牌广告、招商广告、引流广告各司其职，再形成传播合力，而这种立体化的操作则需要精细的传播组合设计，绝对不可以像以前那样眉毛胡子一把抓，粗放操作了。

2. 被忽视的落地操作

一说起广告，头脑中立刻会浮现电视、报纸、广告牌等形式，然而这些高炮如何才能落地，如何真正产生客户引流的实际效果却总是被忽视，甚至处于失控的状态。除了促销活动广告以外，基本上很少有人会关心高炮广告和店面终端的衔接工作，造成广告资源的浪费。

在目前和未来的一个阶段内，建材市场还是家居建材潜在消费者最集中的区域，开发这些目标客户的成本最低，效率最高。因此作为品牌的营销终端如何做好顾客的引流，提高"到店率"则变得非常重要，甚至是最重要的。一些有实力的经销商会在建材市场内做大型广告牌，另一些"聪明"的人则会利用一两个带箭头的路牌来指引客户到店。这样的做法是值得称赞的，但是此行为却是自发而盲目的，没有经过科学的评估和计算，效果也是随机的。

笔者如果第一次到一个建材市场，一定会这样几件事：

1）围着建材市场走一圈，勘测交通状况，如公交地铁站、停车场、外围人流的流向。

2）在无人指引的情况下，从建材市场大门开始走向目标品牌店铺，并计算路程时间和路过竞品的数量和状况。

3）留意市场内的电梯、厕所、餐饮等公共设施和其对人流的影响。

4）对目标品牌店铺周围 100 米内的竞品、灯光、走廊、广告、方向等元素进行记录。

最后笔者才会走进目标店面，这时候就已经对该品牌在市场内的地位了然于胸了。通过对消费者在市场内的行为模拟来设定建材市场广告形式是每一个店家必须做的工作，笔者相信这些工作是很少有人做。要求大多数经销商能够自觉地做这些工作是不现实的，但是厂商区域经理的缺位就是不可容忍的了。笔者建议，与其花大量资金去做效果未可知的高炮广告迎合经销商的口头需求，不如静下心来用专业的方式帮助他们做好终端在建材市场内的"小广告"，这样更实际、实用、有效。

建材家居营销：除了促销还能做什么

第三章
建材与装饰：我们是卖什么的

功能和装饰是装修的两大目的，也就注定了家居建材行业的两大阵营，即建筑材料和装饰材料。然而，究竟自己的产品属于何种材料，却令众多厂商纠结。抛开工程建筑，从家居装修领域来看，要想划清这两大阵营的界限更加困难，如卫生间的马桶，清洁功能和外形美观哪个更加重要？在营销中更应该突出哪个卖点？这也是商家和营销人员必须认清的问题。

第一节　为什么要装修

一定要装修吗？记得童年印象里奶奶家的房子墙面是白色的，勉强算是装修过了，而地面却是砖头，房顶是稻草捆，生活在这样的房子里也其乐融融。我父母的房子和奶奶的只有一个不同，就是地面是水泥的而不是砖头。那时候"装修"这个词还未在中国人的词典里出现，"装修"是怎样产生的呢？

一、已知的和未知的需求

1. 马斯洛的解释

"马斯洛需求金字塔"是营销界非常熟悉的理论，解释了人们需求的层次和其间的递进关系，落实到家居装修这一层面，可以这样理解：

1）功能的需求：人们为实现某种家居生活的功能而进行的装修，如瓷砖、浴缸提供了卫生条件；橱柜实现了橱房用具的收纳功能；涂料实现了防潮、防霉功能；由蹲式便坑升级为坐式马桶是舒适功能的提升等。

2）美感的需求：外观具有美感，橱柜的颜色、浴缸的形状、屋顶的造型、墙面小的瑕疵等这些对于装修元素的功能影响不大，但是会影响我们视觉上的效果。

3）炫耀的需求：满足自己炫耀的需求，很多人在装修完毕以后迫不及待地让亲戚朋友到家做客，在不断听到客人的溢美之词以后的感觉是很不错的。

4）自赏的需求：装修完成以后，一个人或者夫妻二人坐在自己的小房间里，看着经过自己和设计师"专业意见"斗争后的成果，那份满足是他人无法理解的。他们不在乎客人的评价，自己喜欢就好。

您的装修属于以上的哪一种呢？抑或都有一点？但是其中某些需求是人们潜意识里隐含的，不是所有人都能够清晰、自觉地认识到的。结果在懵懵懂懂之中基于自发的装修设计使得装修永远充满着后悔和遗憾。

2. 除了六个面，还有什么

1）氛围。从物料使用的角度来看，装修其实就是对房屋的墙壁、屋顶、地面这六个面的处理。这好似很容易理解，请环顾一下您的四周，每一项装修不都是附着在墙面上了吗？但是我们还不能将这六个面作为装修的终极目标，因为这些都是途径。抛开显性功能设施的建设，所有装修项目形成的整体氛围才是作为隐性装饰功能的目的。这很好证明：仅仅从遮风避雨、睡觉、做饭的功能需求角度看，一套刚刚盖好的毛坯房完全能够满足我们的需要，根本不需要耗费财力、人力的装修工程。在中国相对落后的农村地区这样的房子不难寻找。我们之所以需要对毛坯房进行再装修，就是从便利性和装饰性上对房间进行升级，从而提升生活质量，营造清洁、温馨、舒适、美观、个性的家庭氛围。

2）主人。以上的氛围由什么来决定呢？就是主人自己，是房间的主人，而不是花色繁多的装修材料和设计师的方案。这个观点可能会有人不同意，因为从表面上看房间的氛围不就是设计师设计和装修材料打造的吗？其实不是，因为这些客观因素都是房间主人的需求操控的。消费者之所以在装修中被各种不可控的条件左右，有处于被动无奈的感觉，是因为消费心理的不成熟使得对自己的需求没有清晰的理解，而且没有掌握相应的技能，进而很难把握自己房间相对隐性的整体氛围性和便利性问题，虽然在装修之前对自己房间有着不同的美妙设想，而一旦装修开始后，整个过程就会不同程度地失控，进而在费用、材料、设计等因素压迫下不断妥协，最后陷入其中而迷失方向，所以才会有因为"被动装修"形成的遗憾。

3. 我们能提供什么帮助

第一，作为家居建材行业的商家就要率先改变思维，主动对顾客的显性和隐性装修需求进行认同和理解，摆脱产品生产者的思维局限，而不是仅仅主观关注产品单体性能和质量，进而按照这个思维错误地指导产品和销售。

第二，以消费者不同层次的需求为引导，将产品的设计、生产、销售、服务等方面辐射到装修过程的各个层面，做到真正的贴身服务，提高产品在装修中的附加价值。

第三，变售后服务为售前、售中服务优势。在产品的设计、生产、销售过程中对消费者实施顾问式服务，通过专业的装修装饰指导来帮助消费者通过自己的产品和服务准确地实现最初的装修目标，实现客户的完全满意。

第四，也是最重要的，如果您的经营还是停留在产品思维，那就会因为离市场越来越远而被淘汰。如果能够具有装修设计师的思维，您就能跟上行业和市场的步伐。如果贴合消费者在家居装修中的思维，恭喜您，您已经遥遥领先了。

如果您不相信，去看看瑞典宜家（IKEA）的卖场和产品说明书，您就会同意笔者的观点。有很多高端顾客认为宜家的产品是垃圾，因为他们的产品都是"刨花板"和廉价的塑料、金属堆砌而成，却也难以抵挡其产品的诱惑。很多家具商鄙视宜家不真材实料，但不得不佩服宜家在产品设计、选购指导和安装便利性上的用心良苦。

宜家的家居是不包运输和安装的，就是靠产品的意境设计展示和傻瓜版的安装说明书就将其产品完美地安置到消费者的房间里，我们能做到吗？

■ 二、故事：甲醛的伪命题

1. 真实的故事

笔者平常爱喝一点啤酒，也十分关注啤酒行业的动态。一日，听说国内南方的一个著名啤酒品牌在本地开设了一个大型的工厂，并准备以此进军中国北方市场。因为笔者经常到外地出差，所以了解这个啤酒，虽然当地知道的不多。而且我对此品牌啤酒宣传广告上的"无甲醛啤酒"也很好奇，因此便到家门口经常光顾的小超市买这个牌子的啤酒：

"又来了？吃了吗您呢？还喝老牌子？来几个？"店老板一如往常很热情地和我这个老主顾打招呼。

"不了，这回试一个新的。"然后笔者说出了那个啤酒的牌子。

"你干嘛换了？原来的牌子不好了吗？"老板很诧异地问。

"这个新的牌子不好吗？"笔者反问道。

"这个啤酒的口味发酸。"老板回答道，"可能咱本地人喝不惯，卖得不好。"

"可是这是'无甲醛啤酒'啊！"笔者说出了自己购买的一个理由。

"甲醛！没听说过，谁在乎这个！"他的回答让笔者非常惊讶。

结果在他的影响下，笔者没敢冒险，还是买了原来牌子的啤酒，虽然在南方喝过此牌子的啤酒，但也没感觉到口味酸。

回家后，笔者一边喝着原来牌子的啤酒一边在网上搜索"啤酒+甲醛"的关键词，结果让笔者这个"老酒鬼"非常惊讶，看来笔者又落伍了，竟然找到相关网页约2060000篇。

这也使笔者了解到一个啤酒行业的故事。啤酒在酿造过程中会产生微量甲醛，而且据说（没有定论）有的啤酒为了消除啤酒中的沉淀物杂质人为添加甲醛，这样会对人体有害，因此这个啤酒品牌就提出了"无甲醛啤酒"的口号，采用一种称为PVPP（交联聚维酮）的方法去除啤酒中的沉淀，做到了无甲醛。然而啤酒的行业协会和相关的其他啤酒企业也提出了反证，认为啤酒的甲醛问题是个伪命题，啤酒和甲醛无关……

看完这个信息，笔者感到很诧异。这个话题的争论这么激烈，可是家门口的店老板和他的老主顾并不关心这个问题，该喝什么还是喝什么，这是为什么？想到这里，笔者又端起手中的啤酒一饮而尽，咦？怎么喝了好几年的这个牌子的味道也有些酸？这个老板真害人……晚上将此事告诉了我太太，她的回答更加干脆："想喝什么就喝什么，有害的东西多了！反正喝不死人！"笔者无语……

2. 谁说了算

甲醛，这是困扰家居行业数十年的梦魇，至今挥之不去，但是在啤酒行业就不是个事。在甲醛问题的重灾区——木地板、家具和涂料行业，笔者曾经向前辈咨询过甲醛的起因。他们说，甲醛问题在木地板等行业是2002年以后的事情了，以前消费者也很少关心这个问题，只是关注花色和耐磨度。想到这里，笔者好像突然明白了：甲醛问题很可能是我们告诉消费者的，这个潘多拉盒子被我们打开后就无法关闭了。

家居建材行业的激烈竞争也是那时开始的。各个企业为了寻找卖点获得市场的优势，也提出了类似"无甲醛"的理念，紧接着各种有关甲醛的概念如雨后春笋般出现"密封甲醛""猎醛""吸收甲醛"、E1、E0、F4、CARB（后四个均指板材环保标准等级）……这样整个行业对消费者形成了一个围攻的态势，告诉消费者装修一定要注意甲醛问题。画外音就是"我的没有甲醛，别人的不敢保证"。最后消费者在被教育之后，只得出了一个结论："你们都有甲醛！"

直到如今，顾客一想起装修就本能地想起甲醛，其恶果就是我们要想消费者放心购买就一定先要将自己"洗干净"，表示我们的产品没有甲醛。而消费者反而形成了一种惯性的"甲醛纠结"，甚至甲醛问题成了很多销售员必须翻越的一座高山。其实想想我们生活中还有多少含有甲醛的东西：鞋子、菜板、书籍、塑料制品和其他很多木制品，甚至一些食品。这些东西多了，可是消费者如果在买这些东西时提问甲醛含量的话一定会被人认为是怪物，就像店老板和笔者太太不关心啤酒的甲醛问题一样。

甲醛问题的话语权本产生于行业商家，这是因为行业内无序的竞争和内耗，简单苍白的营销手段，炒作概念的习惯，对消费者的恫吓和忽悠营销等，使我们快退化到离开了讨论甲醛就不会销售的程度了。"甲醛"已经从一个技术名词被演绎成了一个营销概念，这岂不可悲！事实上，经过行业多年不懈的努力以后，"甲醛"问题已经不再是问题。可是当局势反转，甲醛的"指挥棒"到了消费者手中以后，商家们的噩梦来到了。这个概念就像安检一样，成了每位家居建材商家必过的一道关口，真有点作茧自缚的感觉。这就是对产品功能的过度挖掘和不良营销习惯造成的恶果。

笔者建议我们的市场营销人员还是要回归到家居建材营销的本质，去突出产品的加法卖点，如舒适、美观、自然等能给消费者带来正面价值的东西，而不是去灌输一些减法卖点，如甲醛、污染、损坏等一系列让人听起来就担心的问题，这可能是我们真正从甲醛突围的突破口。

这并不困难，也是我们曾经做到过的事情，只是一时记忆模糊了，我们需要做的只是返璞归真而已。希望以后地板销售员开口的第一句话就是"我们的产品美观舒适！"而不是现在的"我们的没有甲醛！"

将甲醛的话语权拿回来可能需要一个漫长的过程，但是这个事情必须做，也需要我们付出一些修正的代价，将功能营销转变为装饰营销，改卖建材为卖装饰。请牢记：消费者装修是为了未来的美好生活，不是为了甲醛而操心、烦心。

■ 三、启示：专注更加高级的装修需求

家居建材行业已经发展几十年，消费者的需求对比以前已经有了翻天覆地的变化，也对行业不断提出更高的要求，以满足他们日益提升的需求层次，这是我们必须清醒地认识到。

曾经统治中国家庭地面的瓷砖行业，被迫让出了半壁江山给木地板；曾经局限于公共场所的地坪行业，却因为技术的进步和创意的花色设计而逐渐切入了家庭装修，这就是在功能和装饰层面此消彼长的结果。与此相反，一些先天就具有装饰性优势的产品商家，如卫浴、涂料、门窗等，却还和数十年前一样，思维局限于产品的功能性，对消费者的装饰和便利性需求视而不见，被另一些先知先觉的企业和国外的品牌不断压缩市场空间。如大量制造门窗型材的企业，还在产能和成本上纠结，在门窗设计上落后于德国、日本的品牌，现有能够打入高端市场的优势品牌吗？

所以，开阔视野、放眼市场，深刻领悟消费者为什么要装修，其深层和高层的需求是什么，根据家装需求的变化不断改善自己的产品和营销方式才是长久制胜之道。

第二节　为什么德国和日本的家装这么火

笔者有一个爱好就是周游世界，同时也在调研世界上不同国家的家居装饰。笔者情有独钟的家具装饰和目前风靡大众的风格相吻合，即以德国和北欧为代表的欧洲包豪斯简约现代风格和以日本为代表的亚洲和式风格。它们有一个共同特点，即将材料、功能、装饰进行了完美的结合，也许能给我们的行业提供良好的借鉴。

■ 一、材料最简单

笔者的一个朋友在东北经营一家名为 XY 的家具企业，因为主要业务是出口产品给国外的采购商，做的贴牌业务，所以每年都会参加上海的家具展会。其产品也是根据国外的订单和自己的材料技术特点而生产的全橡木定制家具，绝对真材实料、结实牢固。

然而，经过了几年展会上的门庭若市以后，XY发现前来展位的厂商日益减少。他们的家具和竞品的款式差距越来越大。他们标榜的真材实料、质量优异的产品在其他厂商纤细极致、充满时尚设计感的产品前缺乏吸引力，老客户却被越来越多地吸引到了竞品厂商那里。XY的困惑是：那些看着很漂亮的家居纤细设计不过是为了节省日益匮乏的木材材料，而自己的产品材料成本巨大，物有所值，为什么就无法吸引客人呢？在始终无法解答此问题的情况下，XY的高管层毅然停止了以后的参展。

事实上，XY的疑问很好回答，他们自己也未必不明白，只是不愿意接受罢了。作为一家坐落于中国木材基地东北的家具企业，具有天然的原材料优势和技术传统，注定了其依靠原材料和工艺为核心的竞争优势，但是当市场因为原材料和环保的整体环境，以及消费者审美需求的变化，人们更加青睐简约、时尚、创意的家具以后，XY表现得不适应了。地理环境决定了XY的材料和技术先天优势，也使他们同时具有远离时尚设计的前沿劣势。如何转型以适应市场的大环境，就要看XY的转型决心和能力了。

笔者在国外的时候发现，发达的欧美、日本等国的室内已经鲜有木材堆砌的木产品，出于环保、实用、美感的理念，他们在材料的使用上做到"够用就好"，而在设计上却不厌其烦，这属于现代意义上的"工匠精神"。中国的百年老字号同仁堂有一句古训："炮制虽繁必不敢省人工，品味虽贵必不敢减物力。"这句在事关人命的医药行业的商业格言并不能到处都适用，更何况行业规律有着巨大差异的家居建材行业。

二、功能最安全

"物尽其用"可能是我们民族的传统美德之一，就是要让每一样物品的功用发挥到极致,实现利益最大化,这种思想朴素、实际,却也忽视了风险的防范。将"够用就好"的理念挪用到对产品的价值判断以后,就会生产出大量"够用却不好用"的产品。

笔者在前几年装修的时候,隐约记得住过的国外家庭旅馆的厨房墙面刷的是涂料,而不是通常使用的瓷砖。经过仔细的信息查询以后,笔者花三百多元购买了一桶芬兰生产的厨房涂料,粉刷其中的一间厨房和两个阳台。这种涂料含有陶瓷成分,本身防水、防污、防油,现在七八年过去了,任何油污只需要用湿抹布和洗洁精一擦即可,比起费钱、费工、费力的传统瓷砖,简直便宜又好用。

给自己的产品一点点功能的余量,使消费者使用起来放心、舒心、省心,变够用为好用,应该是商家们在产品功能上努力的方向。

三、装饰太麻烦

记得和一家经营水路阀门的企业老板聊过,笔者向其建议:"既然成本相同,为什么不把金属色的阀门涂成金色呢?"他问为什么要做这样对阀门本身没有意义的事。笔者回答:"因为好看而好卖。"他却始终不能理解,因为在他的意识里,阀门这种纯功能性的产品,且安装的位置也很隐蔽,没有人会在乎的它的外观。笔者告诉他,在产品从出厂后到安装前的一系列环节内会有很多人在乎其外观的,而这一阶段对销售的意义很大。遗憾的是,他还是未能接受此建议。

也许这位老板认为将心思花费到如何降低成本、提高产品寿命更加有意义。他的想法没有错误,但是忽视了消费者的购买体验这一因素。他的功能为上观点是理性的,然而消费者的购买过程却充满了感性,这是不容被忽视的。我们总是说德国的产品充满了工业设计的美感就是这个道理。

一位气质美女相亲或者出嫁前也是需要精心打扮的，这几个小时不厌其烦地化妆绝对不是多此一举。

■ 四、理念太高深

笔者在大学入学的第一天便听系主任讲："科学的本质是'美'，只要你认为是美的东西就一定是合理的，符合科学规律的。"这对当时的笔者来说简直是天方夜谭，以往的教育告诉我们科学是按照数学公式一步步计算出来的，跟美学这种纯文科的课题风马牛不相及。几十年过去了，笔者渐渐好像有些明白了，真正的美感是在功能性得到合理、彻底释放以后从内到外展现出来的。

这个高深的理论其实很简单：法拉利跑车的外形既符合气动原理也很漂亮；木材的纹理既符合树木生长的需要也很美丽；矿泉水的瓶子用手握起来很舒适，看起来外形也不错……

将功能和美学进行完美的统一，也许是产品设计的最高境界。德国因为欧洲几乎"变态"的环保理念，日本因为先天物质的匮乏，殊途同归将原材料的节省作为产品制造的基本原则之一，通过科技和设计将产品的功能美学推向了极致，这就是其产品好用且好看的根源。

第三节　我们到底在卖什么

■ 一、体验为王

人类对外界的感知是通过视觉、听觉、触觉、嗅觉、味觉来实现的。除了味觉，作为装修和家居建材的供应商和服务商，其价值一定是通过视、听、触、嗅四种感觉来让消费者感知的，更加重要的是这四种感觉共同作用形成的一种综合体验。所以我们提供的产品和服务一定要全方位和多维度立体体现才能够在市场消费层面实现最大价值，仅仅追求单一、简单层面的市场展现是无法让客户不打折地接受和满意的。

更加让人遗憾的是，在精心打造设计和制造环节之后，产品已经具有了给客户全方位的体验性能，却因为销售环节中多种现实的因素被人为地压缩了，结果导致消费者认为产品不适用或者价格太贵。

如图3-1中展示的西班牙著名高端品牌ROCA曾经推出的新型浴缸，售价为23万元，其时尚简约的外形和多喷口形成的扁平水流，进而产生无比舒适的洗浴体验和视觉上的梦幻感。到了终端市场以后却乏人问津，因为价格太贵了，仅有的一个订单是一家五星级酒店套房采购的。笔者从市场调研中得知，此品牌的销售员十分惧怕客人对此款产品感兴趣，他们不知道应该如何描述这款产品为什么可以卖到23万元，其价值在哪里，抑或销售员本人也认为这是个天价，性能完全不实用。销售环节的缺陷，以及产品和营销的脱节问题立刻突显出来。

图3-1 西班牙品牌ROCA曾经推出的新型浴缸

相对于家居建材行业的不成熟，汽车行业就表现好得多。不遗漏地背诵汽车的各项性能特点和指标，对汽车行业的销售员只是最基础的要求。一般的标准是能够通达消费者心理，如同自己产品一样掌握竞品的优缺点，最重要的是能够将顾客的心理需求和自己产品的优势特别是在驾驶体验方面进行完美的契合，并能淋漓尽致地进行感性的描述和销售引导。对比以后，高下立现。

这为我们提出了一个非常本质性的课题，就是作为装修或者家居建材的从业者，我们到底在卖什么以及如何让市场和消费者充分认识到我们想去卖的东西？答案就是在基础使用功能以外，产品设计、生产、营销的各个层面是否顾及了顾客视、听、触、嗅四种感知，以及这四种感觉共同营造的体验是什么，这种体验也是真正能够推动客户打开钱包的决定性因素。

很多时候我们的表现并不理想，当然也会有一些客户会因为被迫妥协和信息的不对称打开钱包，然而没有一个客户会长久地接受这种不是在完全情愿基础上的消费，他一定会将自己不同程度的不满在下次购买的时候付诸发泄，并竭力避免重复在上一次消费中的错误，这也是将市场和消费者不断推向成熟的根本动力。

■ 二、想到的和想找到的

在装修行业内有一个经验：消费者家居的装修周期大约在6～10年左右。根据一般装饰材料的寿命以及装修施工质量的局限，一般家庭装修的新房通常在5年以后会因装修中留下的隐患和材料老化产生问题（公共场所的工程装修老化得更快，如酒店的装修周期大致为3年），而且此新房向老房的转化速度会越来越快。在这个老化的过程中，作为房间的主人，消费者的心理正在经历着一个让商家们亦喜亦忧的过程：

房间的装修因为老化不断产生的合理和不合理的缺陷，对主人心理的负面影响会随着每一天的过去不断重复、积累、强化，进而形成一种不满而爆发，爆发点就是主人决定再次装修的时刻。

基于国人求新的消费心理，对部分状态良好的设施进行修缮和翻新的建议通常不会被采纳，基本上都会推倒重来。基于心理学的原理，相对于正面和满意的事物，人们通常对负面和不满的印象会深刻得多，因此在推倒旧装修的时候，会对自己的不满和教训做一个总结，并设法在下一次装修中竭力避免，虽然他们也明白完全消除是不可能的。同时，他们也会根据自己新的消费水平和外部产品的演化适当对装修的品质和档次进行升级，以便跟上流行趋势并展示自己日益提高的生活水平。这意味着他们会努力寻找更加完美的和新型的装修产品，这也是家居装修行业消费者对品牌和产品忠诚度相对偏低的原因之一。

以上就是他们想到的和想找到的。这两点就为行业企业提出了一个很大的课题：在这6~10年的周期内，大家在做什么：

1）产品的品质和性能是否有所提高？

2）这种提高是否能够被顾客察觉和认可，以及如何察觉和认可？

3）随着消费者的成熟，销售员的水平是否也与时俱进了？

从20世纪90年代末至今，中国消费者的家庭装修已经经历了2~3个装修周期，问题是家居建材行业的企业自身是否也经历了同样周期的变革？不得不承认，能够跟得上这个步伐的企业不多。这种落后就会产生两种现象：

1）将高端市场拱手让于国内少数先行者和国外的品牌，自己转而去拓展更加适合自己现有产品的三四线低端市场，美其名曰：渠道下沉。

2）完全忽视或者回避消费者需求的不断成熟和复杂化，一如既往地继续推出概念性的技术卖点，以便获得短期的竞争优势，即使自己也明白这条路走不远却也无可奈何。

第四节　生存还是死亡？这是一个值得思考的问题

一、发展的方向：加法还是乘法

众所周知，家居建材行业正处于一个痛苦的转型阶段，而这个阶段可能要持续很久。经济高速增长、房地产的带动、低廉的劳动力，当这些外部优势正在快速消失的时候，转型期带来业务下滑的瓶颈对一些企业来讲会是致命的。如何生存进而寻求突破，成为每个企业不得不思考的问题。

在中国人的民族性格里天然有着一种"争"的意识。有一个最简单的例子：在对号入座的飞机上大家也会争先恐后地向前冲，怀着一种生怕落人后的恐惧感。他们会更加关注旁边的人群，主观忽视前面充足的座位。基于以往坐公交车的经验，前面的座位相对过于遥远，而近处的人群却是因为看得到而切实存在的，不争还行？这种恐于人后的心理渗透到了社会的方方面面，家居建材行业也不例外。

在笔者完成过的几百场营销培训中，学员们提问最多的问题就是："当顾客说别人价格便宜、品质好、大品牌等优势的时候，我该如何处理？"鲜有人问："当顾客需要价格便宜、品质好、大品牌的时候，我该如何处理。"虽然这两个问题的本质基本相似，但是学员们还是将眼光聚焦在了别人（竞品）上面，按照笔者的话讲：这叫"只看左右，不看前面"。这和抢飞机座位的心理差不多，不同的是市场不是对号入座的，遗憾的是是否对号入座只是一个客观问题，而学员们却先入为主地认为座位只有一个，需要将竞争者先挤掉，自己才有座位。他们的视线范围大部分被竞品占据，消费者存在的需求被放到了角落里。

反观行业内的企业也不无不同。当市场顺风顺水的时候，首先想到的是扩大产能获得成本和规模优势，先于竞争对手占据更加广阔的市场。当销售遇到困难的时候，还是通过扩大产能来降低单位成本，再通过价格优势击垮竞争对手，以挤占有限的市场空间。如果每个企业都是这个逻辑，家居建材行业的产能大于市场需要一倍的说法也就不足为怪了。记得袁腾飞老师曾经调侃："学生们一门心思地学数学是没有用了，因为他们毕业后只会用到一种最简单的数学——加法，其他的都用不到。"看来他说的有道理。

任何企业和个人都希望有着几何级数乘法式的发展，然而乘法对很多人也许是过于困难而不易掌握的。当市场顺风顺水的时候，除了加法式的扩大产能还有没有乘法的选择？当销售遇到困难的时候，通过理论上和加法相同的减法来降低成本和价格，有没有除法的选择？当然有，至于是什么，相信各位企业家比笔者还明白，只是愿不愿意去做的问题。有人会说："你站着说话不腰疼，不知道干企业的艰辛和外部的各项挑战，岂是简简单单的模式创新、技术升级、产品研发这些空洞的话语就能实现的？"这个怀疑是对的，然而请了解人的思维是有惯性和惰性的。

基于"荷兰病"现象，当一种简单的方式有用且被使用得熟练以后，人是很难再去接受新途径的。如果我们不能够在开始或者中途就去有意地寻找"另一条道路"来实现"加法+乘法"相结合的模式，以后的积弊是很难再去改变的。

说得更现实一点，经济高速增长、房地产的带动、低廉的劳动力这三个行业赖以生存的决定性条件没有一个是我们可以左右的。也就是说在宏观上我们是带着救生圈游泳的，假如哪一天这个救生圈没有了，如何保证不溺水，您是否早就想过？当然，如果你决定卖了工厂去移民，笔者在此无话可说。

经济低速增长。这正好是检验谁是健康企业的时候，就像那句话

"退潮了才知道谁在裸泳",这也是笔者坚持认为在顺风顺水的时候也要做"乘法"的原因。关键是在景气的时候未雨绸缪、积蓄实力。

房地产的下滑。在前十年房地产高歌猛进的时候,你是在欢天喜地收庄稼,还是能够意识到旧房市场和二次、三次装修的机会?当然改造装修比新装修的市场要复杂且更"瘦",但是这个市场早晚要面对,你准备好了吗?另外,很多房产大佬已经涉足建材和精装修的领域,如万科、绿城、绿地等。您该如何应对?敬而远之,或任人驱使?

笔者认识一家不大的木装饰企业,最高纪录曾经拥有200名渠道营销人员,却覆盖不到半个中国的市场、200家专卖店,这是一种何等气魄下的挥霍!这些年轻的渠道人员不超过25岁,入职培训1周。这种培训更多是传销式的口号和成功学,然后就会被派遣到招商和渠道维护的岗位中去"历练"。这些年轻人的平均任职时间不超过2年,铁打的营盘流水的兵,对老板来讲无所谓。终于有一天,这个团队的人员缩减到了20名,最资深的、服务了5年的经理也辞职了。对这个事关劳资的话题笔者不想深入,只是提醒一点:员工的懵懂和消费者的不成熟不无不同,短期的额外收益绝对不是常态。

给企业经营的每一个环节注入一点能量,其效果会因为乘法效应而被几何级放大,形成迅速壮大的系统,这不是仅仅在一两个表象环节的加法能做到的。笔者并不是反对在加法层面的业务调整和扩张,只是建议各位商家能够在乘法层面做一些事情,在外部商业环境正在经历模式巨变的现在,时时刻刻做好升级换代的准备,避免一味地原地打转,最终使得路越走越窄。

■ 二、差异化:"25个不同"的定律

家居建材行业最大的问题之一就是同质化的产品、经营和营销模

式。这个问题在做营销培训的时候最容易显现出来，因为在讲解如何提炼和突出自己产品卖点的时候，笔者总会拿出一个题目询问学员们："请总结出你们的产品和竞品的不同点，最少10个。"遗憾的是答案很少有超过10个的。然后笔者只能对他们进行启发性指导，并让他们扩大思路从每个角度总结不同之处，比如"你们产品的名字是否不一样""产地是否不一样""店面是否不一样""销售员是否不一样"……这样一来一般情况下答案都会超过20个，其实笔者真正的标准是25个。

上面的培训是针对一线销售员，那么在这里笔者要向企业管理者和经销商们提问："各位老板，请列出您的公司、品牌、产品、营销等方面和别人的不同！"如果你们的答案少于20个，就意味着您的公司有轻度的同质化病症；如果不超过10个，不好意思，您的公司同质化已经非常严重了。

不可否认，中国家居建材行业是依靠借鉴和模仿起步的，也是在初级阶段所无法避免的，问题是这么多年过去了，这个习惯是否有明显的改善？答案是否定的。"老二模式"在行业内危害还是十分严重，一旦有人在某个方面有所突破和创新，就会出现一个"老二"本着"我也行"的态度亦步亦趋地跟随复制，但是他的价格却是始创者的几分之一。笔者负责任地说："这是本行业的最大毒瘤，长此以往'国将不国'"。肯定会有人不以为然："很多行业的企业的老大老二之间不都是互相模仿吗？我价格低是因为我成本控制得好！"

老大老二竞争的典范是可口可乐和百事可乐。我们会发现它们之间除了品牌LOGO不一样以外可能并无差别，在生产工艺、产品结构、营销模式等方面均是这样。问题其实就在品牌LOGO的层面上：可口可乐是"可乐"品类的发明者，代表了"正宗可乐"，因此其品牌和营销定位就会突出其正宗的一面，并和体育、健康挂钩，进而推广到节日全家一起喝可乐；而对于百事可乐，要想从可口可乐的羽翼下分一杯羹，就需要一个区别于可口可乐的定位，那就是"年轻人的可乐"，因此在营销的行动中，年轻、时尚、激情等信息充斥在其广告中，代言人也是时下最火的年轻明星。因此，这二位拥有了各自的粉丝群体，成为可乐这个品类完美的"双子座"。反观本行业，笔者就要问一下了："如果你们生产的产品属于相同品类，代言人你是关之琳，他是朱茵，有什么本质的区别吗？"

别说你的成本控制得更好，因此你的价格更加亲民，请告诉我们你的每一项成本优势都在哪里！在本行业细分品类的原材料供应、技术水平、工艺设备、产品组合、营销方式大同小异的情况下，能够大幅度降低成本的不过是原材料和知识产权。笔者可能在这里揭开了一个"盖子"：偷工减料、知识侵权是一些"老二"生存的基础。

作为老大，面对老二、老三、老四该怎么办呢？找到那 25 个不同、不断扩大它，最重要的是如何让客户感知并认同这些不同，学学可口可乐就够了。

■ 三、视野有限，蓝海无限

家居装修已经被认为是"红海"得一塌糊涂，无利可图了，一些老板也卖了工厂去干房地产，笔者却不赞同这个观点。在最近十几年的消费投诉的排行榜上，家居装修一直名列前茅，一个如此不成熟的行业怎么会是红海一片呢？在这里笔者提出几个问题：墙面抗污的问题解决了吗？缝隙发霉的问题解决了吗？房子漏水、家居安全、装修欺诈、采购困难等问题，以上任何一个问题中都充满着无限的商机。

既然机会如此之多，那为什么生意还这么难做呢？深层原因是在经过跑马圈地式的高速发展之后，被产品思维禁锢的商家们（包括生产企业和经销商）的视线只是盯着传统建材大门类下的产品项目，对边缘和交叉门类的产品、更新换代的新产品不太敏感。

美缝就是一个典型的边缘化的行业。经过五六年的艰难发展，美缝这个产品才刚刚进入人们的视野。在这之前，消费者只能对家里的瓷砖、卫浴、橱柜等缝隙中的污垢和霉变要么选择眼不见心不烦，要么就是隔一段时间费神费力地用各种土办法去清洗。据业内人士估计美缝行业规模超过一千亿元，这意味着它和木地板、防盗门、橱柜等行业处于同样的级别，却始终被业内业外人士忽视，无法取得健康的发展并处于应有的行业地位。不被市场、行业和资本关注，这个瓶颈始终制约着美缝行业，从业者大都处于游击队阶段，营销模式也十分初级，市场也主要集中于高级住宅和酒店等有限的空间，论起行业地位当然无法和大哥们相提并论。

地坪——产品和行业升级的典型行业。一提起地坪，人们第一印象要么就是地下停车库的灰色地板，或者房间地面的水泥材料，实际上地坪经过10余年的发展，主产品早就由传统的水泥基自流平升级到环氧树脂类、聚氨酯、丙烯酸、聚脲地坪等多种材料了，行业总产值也从2000年的5亿元，发展到2007年120亿元、2009年200亿元的规模，以后均以年20%的速度增长，行家预计2017年其产值应该在800亿左右。其产品也从单一的防水、耐磨等偏功能的性能发展到以装饰为主的更高层面，在很多公共场所如饭店、商场、游乐场都被不同创意花色的地坪装饰得漂亮、时尚（如图3-2）。

遗憾的是这个行业在整个建筑地面装饰市场中占有的份额还很少。基于传统的认识，无论是商家还是家庭消费者还是会首选瓷砖，这成为行业发展的最大瓶颈。因为发展的局限，地坪行业自身也面临市场集中度低（80%为中小型企业，占据了60%的市场份额）、营销渠道单一、营销水平和人员素质不高等问题。

如何找到家居建材行业的新蓝海？除了在思维上需要开阔视野，深挖行业潜力以外，方法上最重要的就是换位思考，从消费者的角度去了

图 3-2　地坪装饰

解他们在房间装修中有哪些苦恼。在经过产品技术、市场容量等方面的可行性研究后，发现并赢得市场蓝海机会。

　　这方面我们曾经做得很好：带锁扣的木地板解决了地板缝隙问题；人性化的橱柜设计使下厨变成了乐趣；独立弹簧的床垫使睡眠更加舒适和安静；地面采暖的方兴未艾……只是最近企业的进取心下降了，抑或投资者觉得收益不够理想而不愿意做。

建材家居营销∵除了促销还能做什么

第四章
从产品到商品：实与虚的纠结

我们在中学便学习了"产品"和"商品"的不同，但是在商界交流的语言中，"商品"这个词汇很少被单独提及，取而代之还是"产品"这个更加偏重于制造的词汇。不知道是受以前计划经济的影响，还是企业在潜意识里觉得产品和制造更加重要，"商品"和"产品"这两个词汇的区别在我们的工作中好像被有意识地模糊掉了。不仅如此，在语言的语感上，"产品"比"商品"来得更加坚实、可靠、可触及，"商品"则显得虚无很多。事实上，站在企业经营的角度，我们谈及的绝对是"商品"这个需要出售的产品，绝对不是这个制造出的东西本身。

第一节　位置决定想法：商品的不同属性

"位置决定想法"，还是"想法决定位置"，这是一个需要辩证看待的问题。但是在利益杠杆的平衡下，通常我们都会趋向于"屁股决定脑袋"，因为这个选择更加顺理成章且更容易。这种选择虽然可以被理解，但并不能被认为是正确的。

第四章
从产品到商品：实与虚的纠结

■ 一、制造视角

如果你去问一位车间主任他在工作中最关注什么，他的回答通常会是成本和效率。这不仅仅是上级对他的考核指标，本也应该是从事制造管理最关注的方面。相信大多数人会同意这个观点，那笔者便产生一个疑问：早在 20 世纪 80 年代末，欧美和日本的企业就实行了"客户完全满意"的管理模式，为什么这两个概念到现在还在大行其道呢？只能说一些人的意识还停留在多年前，或者是企业经营者的管理过于简单粗糙，偏离了企业经营的根本目标。

当然，我们也不能妄自菲薄。关注成本和效率会在产品的价格和供应上形成巨大的优势，理论上会对营销产生效益，问题是在大多数情况下，只盯着这两个指标，形成的效果却是对营销的副作用。

本人曾经服务的一家木地板企业推出一款产品（应该是商品），因为这款地板的纹理和颜色非常接近老虎皮毛，所以名字叫作"虎斑纹"。基于产品的特色，其命名、销售员话术、装饰效果图等营销层面的工作纷纷到位，然而却突然接到工厂的通知，因为原材料的采购原因，下一批次产品的"虎斑纹"效果会大幅度减弱，希望营销部门应对。当被问及以后的产品花色会不会恢复的时候，得到的回答是："不知道，不确定。"因为他们无法控制木材原料的供应。这一下，所有销售部门和经销商们全部慌乱了，情急之下不得不推翻了所有已经到位的销售物料和准备工作，只能走一步看一步了。

作为木地板这种严重依赖原材料供应的行业，上述工厂的做法无可厚非，且也是很多同行企业的常态，其根本原因就是原材料采购的成本和难度。保证相同花色材料的稳定供应需要付出一定的成本和效率代价，作为生产部门当然不愿意付出此代价，剩下的应该是营销部门应该考虑的问题。这时候就要看企业老总的方向把握了，制造成本和营销成本孰轻孰重，很显然他选择了制造成本，因为材料的生产更加实在，营销却是虚无的。

笔者也感慨同行的营销人员，就不能起草一份成本分析报告来坚持自己的主张吗？事实上在木地板行业，渠道的营销成本是制造成本的两倍以上。看起来"位置决定想法"不假，制造部门不关注营销，营销部门也不关注成本，哪怕是自己的营销成本。

二、营销视角

记得笔者还是一名普通销售员的时候，在一次例行的业务回顾会议上营销总监就宣布："在他参加的会议上永远不想听到'质量不好'和'价格太高'两个理由。"因为凭他几十年的营销经验，这二者是销售人员最好的借口。当日我们私下议论他有些蛮不讲理，明明是这些问题，凭什么不让说！到了后来，当笔者也成为一个营销团队管理者的时候，才彻底理解其中奥秘。

质量非常好，且价格很便宜，这似乎永远是销售人员的愿望。因为这样最好卖，而销售员最大的任务就是将商品卖出去，其他都是次要的，这就是彻彻底底的营销视角。很多销售人员并不太关心其生产成本、技术限制和企业整体利润，因为这不是他们职责以内应该考虑的事情。

当然，作为营销部门有责任将市场信息反馈到生产部门，以倒逼企业在产品的品质和成本上不断改进，问题是在通常的销售例会上基层销售人员日复一日地向上司描述同样的问题，而这些问题却又是营销部门短期内很难改变的，久而久之就变成了营销部门内部自我解脱的借口。

我们有理由相信，作为营销部门掌舵人的营销总监早已经将此类问题在高层会议上反馈到企业管理层和相关产品部门。但是在企业采取实质性调整之前，他还是要被迫去听下属同样内容的唠叨，不胜其烦却也无能为力，因此那个"禁令"就产生了。阅读此书的读者，如果您恰好也是销售管理人员的话，是否也曾经或者考虑过同样的"禁令"呢？

营销人员的好卖思维真实体现了商品经济下的市场规律，这是正确的，然而他们忽视了企业和消费者之间在购买行为下彼此制约的互动关系。这种互动会在一定的时间阶段形成一种微妙的平衡，这种平衡的打破是需要一定前提条件的。市场需求的巨变、技术的革新、产品的更新换代等都属于条件之一，在此之前企业的整体调整只能是渐变式的改良，不会达到"好卖"这一营销人员期望的目标的。销售人员选择性地偏重了商品的"商属性"，忽视"（产）品属性"，然后可能会发展到对企业整体远景的漠不关心。最后销售人员对企业不同程度的离心力会造成一种奇怪的现象产生：企业各个销售部门的人员流动性最大；企业CEO鲜有从销售部门提拔上来的。难怪有人说销售人员是企业和顾客之间的无间道。

■ 三、消费视角

营销人员以上的行为事实上真实反映了消费者的一种购买心态：价格越低越好、品质越高越好，虽然他们自己也认为这不理智，但还是为了达到此目的而打小算盘。这里面有一个营销界公认的、客户绝不能说出的秘密：他们不喜欢便宜但是喜欢占便宜。

例如网络上不断爆出云南当地导游漫骂旅游团队不购物的丑闻，我们都会对此野蛮行为口诛笔伐，但却忽视了一个事实：这个团队本来就是"购物团"，几百元就在云南游玩几天几夜，这怎么可能！其实参团人员在事前大都就已经被告知了需要购物消费，但是到了现场就反悔。任你导游有千条妙计，我有一定之规，大不了我拍下来放到网上臭臭你。

这里不讨论旅游行业的潜规则是否合理，单从契约精神和市场规律的角度就不难发现那个"不能说出的秘密"——占便宜的心理是普遍存在的。这也是功能价格比的取向被发展到极致以后一种扭曲的消费心态，这种心态对销售人员或多或少会产生一定的影响。

笔者曾经是一家外资国际航运企业的业务员，沃尔玛是客户之一。出于对客户的尊重，我们被要求拜访客户的时候必须要西装革履。然而在沃尔玛就遭遇了尴尬。当笔者侧身走过他们堆满货物的楼梯进入客户简陋、闷热的办公室，面对身着T恤和牛仔裤的客户时，他会说："你看你们衣着体面，办公室宽敞且有空调，我们却是这个样子，相比之下你们的价格还是有降价的空间……"这是企业文化和行业惯例，这有什么问题？这种外弱内坚的套路谁不明白！然而又能如何？除非不想做他的生意……当然，如果下次笔者也穿T恤牛仔拜访他，他还会有其他的说法，谁叫人家"大"呢？

客户占便宜的心态是商品经济的基本规律之一，自然存在，无对无错。这里要奉劝各位营销行业的从业者：对此心态和因此产生的行为大可不必动怒，但是要明了这一客观存在，避免自己因为长期的灌输而迷失。"客户永远是对的"这句营销界的格言是有前提条件的，不是放之四海而皆准的真理。

■ 四、商品视角

商品的定义：商品是满足人们某种需要的，用来交换的劳动产品。不管你的"位置"还是"想法"在哪里，一个客观存在必须遵循：需要、交换、产品这三个要素层层递进，简单一句话也就是说产品通过交换满足人们的需要后，才能实现其价值。请牢记，这里的人们通常意义上不是你自己，而是别人。从目前家居建材行业的现实发展阶段的角度来看，我们的商品意识还不成熟，抑或偏离了正确方向。

在浙江、福建、广东存在着大量以进出口业务为主的企业，他们的客户是国外的采购商，贴牌生意做得还不错。但这不是真正的营销，因为这只是一个生产型企业，是国外企业整个运营环节最初级供应链的一部分。订单多不代表营销好，充其量只是你的成本、品质、效率还不错，这都是产品层面的。成集装箱发出的产品也只是产品，不是商品，因为作为商品的品牌、价格、客户、渠道都不在你手里。

另外一种商家自己没有工厂（或者只有单一产品的工厂），也就是通常所谓的营销型公司。他们通过专业的营销操作和物流供应活得也不错，但是毕竟没有自己的实体制造，商品供应的稳定性问题始终是该类企业的最大挑战，脱离了实体商品的供应保障，又能走多远，特别是在中国目前尚不成熟的产业结构环境下。

目前最火的整体家居就是明显的例子。整体定制家居已经被意识到是未来的大趋势，众多家居制造和营销企业争先恐后上马此项目并推出不同的细分概念，如整体定制家居、整体卫浴、整体厨房、整体卧室等，然而大多数又败下阵来。造成整体家居止步不前的最大原因就是目前能够独立操作纷繁复杂产品供应的企业凤毛麟角。对他们来说营销不是问题，问题是在定制设计能力、产品组合供应、安装施工、售后服务等环节的操作能力不足，在产品层面缺乏后劲。

请切记：商品和产品属性一个都不能少，这不以你的位置为转移，无论此位置是制造、营销还是消费。

第二节　虚实兼备：不"裸奔"的哲学

在日常生活中我们会发现一个现象，就是很多商品的名称、品牌和商品本身的性能多少会有些联系。如汽车行业的宝马、奔驰就和速度有关系，虽然他们的外文本名并不是这样，日用品行业的宝洁旗下的洗发水清一色的是飘柔、海飞丝、潘婷这些和女性头发有关系的名字，这里面的营销哲学不仅仅是名字好听这么简单的。如果它们脱离了这些感性元素，不过就是一部可以快速移动的机器和一种可以去污的化工品而已，即"裸奔"。

■ 一、宝宝出生前的梦想

当一个年轻家庭中的妻子怀孕以后，家里都会为即将诞生的宝宝做很多准备工作，其中最重要且耗时最久的事情之一就是为宝宝取一个好名字。爷爷奶奶、外公外婆、父亲母亲甚至七大姑八大姨都会尽心尽力地参与其中。他们每个人都会将自己的期望和梦想融入这个名字当中：取名"大壮"，希望男孩健康强壮；"婷婷"希望女孩亭亭玉立；"大鹏"希望孩子的未来像大鹏展翅一样；"留根"通常是祖父辈希望家族的香火代代相传……不要认为一个人的名字仅仅是一个符号，这里面的社会和人文的内涵深不可测，难怪会产生专门为小孩起名字的顾问这个职业。

让我们就以"婷婷"这个名字为例。从唯物的观点出发，我们不能说因为孩子的名字叫"婷婷",她长大以后就一定会亭亭玉立,但是父母一定会按照这个定位去培养孩子,多多少少会在孩子的成长过程中产生潜移默化的影响。从社会学的角度,我们在未见到本人之前会根据他(她)的名字产生一个初步的预判,这在相亲的时候非常多见。假如哪位名叫"婷婷"女孩不幸真的长得是"土、肥、圆",那么这个好听的名字反而会对她的相亲起到负面作用。

中国人传统的姓名学历史的积淀更加深厚,除了姓氏代表家族的传承以外,名字的第二个字,甚至第三个字也是被祖先按照辈分安排妥当了。例如大明王朝开国之初,朱元璋就给他的子侄各自订了一份二十字的辈分表,以规定其子孙名字的第二个字,并另外规定他们名字的三个字,每五个字以火土金水木相生之顺序,依次以偏旁命名。所以最后一位崇祯皇帝朱由检,名字中的"由"字是在备份表里规定好的,"检"字是木字旁;他父亲明光宗朱常洛,"常"字也是被规定的,"洛"是水字旁。可以看出,国人对名字的重视程度。其实外国人也是一样,他们的姓氏通常也就是其家族发源地的地名,名字也就是圣经规定好了的那 50 多个名字,所以您会看到外国人有许多 Rose、Mary、John、Jim、Tom 这类的名字,但是他们的姓氏却各不相同。

人的名字既然如此,商品名称又何尝不是呢?前面提到的汽车和洗发水就是最好的例证。

■ 二、功能、外观、名字一个都不能少

企业,在完成新产品研发的时候,绝对不是给他一个型号名称就万事大吉了,这和仅仅用身份证号码来称呼一个人没有区别。前面不厌其烦地去论述一个名字的意义,就是想从侧面证明这个道理:一个完整的商品不仅仅是商品本身,与其契合的名称、外观和其他外延元素不可或

缺,就像一个生命诞生以后仅是一个开始,其后续的命名、衣着打扮、知识素养都是作为一个社会人不可或缺的,这是一个商品在市场上生存的必备条件。

一件商品的研发和制造,在完成了其功能性的塑造以后,是否也能够在外观、价值内涵、名称定义上做到立体化的丰富,是定义一件商品是否完整的参数。还记得那场著名的苹果公司和深圳唯冠之间关于iPad名字的价值不菲的官司吗?它充分说明了产品名字对一个体量如此巨大的企业的影响重大,让人感到沮丧的是国内企业在这方面做得差强人意。乔丹体育的官司也结束了,笔者无法判断福建企业"乔丹体育"的产品和美国篮球飞人乔丹自营的Jordan品牌的产品哪个品质更好,但是可以得出的结论是:"乔丹体育"在产品的外观、名称方面没有做任何工作,一味裸奔式的抄袭应了那句话,"出来混,早晚是要还的!"

一个新产品的诞生,在完成基础功能的打造以后,始终需要关注其外延对市场营销的贡献程度,老话叫作适销对路,理论上叫产品立体化塑造。作为同属于消费品行业,但是尚不成熟的家居建材行业,"裸奔"问题很严重。

■ 三、"裸奔"的由来

"裸奔"问题有两个方面,一是开始就没穿衣服,二是后来被人扒了衣服,这需要从产品设计制造和营销传播维度来分析。

1. 寂寞的防盗门

一家浙江的防盗门企业,其产品畅销国内并和欧洲、日本的企业有着广泛的合作,其产品的品质和款式在同行业内,乃至国际市场上均名列前茅,但是在市场上的表现并不理想。他们主要的销售渠道是各大房地产商，为他们做 B2B 的部件配套，个体消费者对其并不十分买账。作为房地产开发公司关注的当然是产品的各项硬指标是否符合国家标准，而普通消费者关注的更多且更复杂。

图 4-1 所示的这款产品，它的名称（也就是型号）是 YC64-19-14，产品介绍是空白。当然作为行业内人士，笔者当然明白这款产品的主要特色是：

图 4-1　浙江某企业的防盗门

1）是不锈钢镀铜材质，既有着不锈钢的防锈，又有着铜门的高大上。

2）相对于纯铜门，功能不打折，但是价格更便宜。

3）样式设计参照欧洲经典款式，复古典雅。

面对这些非常有价值的信息，不知道该企业为什么无法对其进行挖掘。仅仅从其独特的款式设计就可以发掘出无数的产品卖点话术：象征着欧洲皇室和教堂的玫瑰窗，结合典型的欧式菊花纹理，并与希腊柱相结合，是欧式经典风格的典范。

从企业官方网站的产品页面中的空白就可以看出，他们在产品的功能和款式设计上还处于一种懵懂的状态，并没有从产品规划的层面做出立体的设计和营销的前瞻，产品的自有价值被大大浪费了。这样的后果就是：当消费者面对这款价格上万元所谓的"假铜门"的时候，虽然觉得还算漂亮，但还是因价格而放弃了。经销商也不知该从何入手给客户解释其产品设计和卖点，最后这个"裸奔"的新款防盗门只能"寂寞"地放在那里，无人赏识。

2. 被扒光的马桶

西班牙的一个著名高端卫浴品牌，其马桶和浴缸等陶瓷类的产品行销全球。内行人士都知道，西班牙是最早从事陶瓷产品的欧洲国家之一，其制造和设计不输意大利，其产品款式的创意设计独树一帜。它在来到中国市场以后，遭遇了更早进入中国市场竞争对手的巨大挑战。日本卫浴品牌TOTO，因为进入中国较早，在消费者心目中拥有先入为主的优势；美国科勒，前期巨大的广告和营销攻势，连同美国品牌的身份，市场地位也不容小觑。相比之下，这个出身于欧洲的高端品牌价格没有任何优势，进入中国也较晚，大部分中国消费者对西班牙的家居和设计文化也不甚了解，有时候一句"美国品牌当然比西班牙的要好"就将他们的产品否定了。久而久之，该品牌的部分销售人员好似也被洗了脑一般也认同客户的这一观点，销售信心大溃败。

因为笔者曾经主持过该品牌上海公司的销售培训，所以有机会研究他们全部的产品资料，发现其产品资料中对产品的优势有着翔实的介绍，特别是在产品款式和设计理念的信息中充满了欧洲人历史悠久的创意和艺术积淀，并一直引导着时尚设计的潮流，在这一方面要比工业化大生产气息浓厚的日本和美国品牌高出很多。问题又来了，当笔者询问销售员们为什么不介绍这些产品卖点的时候，回答最多的是这两个：一是我看不懂，二是顾客对此不感兴趣，他们只在乎是否省水或者冲得干不干净。由此笔者完全明白了，欧洲设计师穷尽大脑的设计在他们的手里被"扒光"了以后，只剩下了马桶的基本物理功能。

这两个故事只是"裸奔"大军的冰山一角，事实上在各色的建材市场、建材一条街里面相同"裸奔"的商户、商品、品牌比比皆是。为自己的产品穿上衣服，画个漂亮的妆容，这本就是开发商品应该做的事情，不知道他们是不知道该如何做，还是干脆不想去做。马未都曾经说过："相对于西方人注重精神层面的生活，中国人是一个更加'物化'的民族，我们喜欢看得见摸得着的东西，这由我们长期处于农业社会所决定的。"也许这说出了本质原因，无论是设计研发、生产制造还是营销部门，我们都偏爱商品基本功能的实用性，对于其属于消费体验"虚"的部分并不感冒。

这里笔者真心地奉劝大家，还是要虚实兼备吧。如果我们的消费者多少还有一些"重实轻虚"的意识，作为商品的提供者如果与此相同，或者更加落后，会是被商品经济时代淘汰的。

■ 四、虚实兼备：一切源于设计

笔者接触过很多家居建材企业的老总，也常常询问他们在公司中是否设立了"产品经理"这一岗位，得到肯定回答的情形并不多，而且拥有这个岗位的大都属于业内比较大型且管理先进的企业。这时笔者就提出第二个问题："产品经理这个岗位在您的公司里是属于哪个部门的？或者您认为应该是属于哪个部门的？"他们在听到第二个问题后通常都很诧异，因为这个问题看起来有些明知故问。"那当然是属于制造部门了，或者属于生产车间下面也可以的"，这是第二个问题得到的最多的回答。然而，这个问题并不多余，您有没有想过将产品经理安置在

市场部呢？

在瑞典有一家著名的家具企业，他们的营销部门下面有几个"奇怪"的岗位如设计经理、产品经理、推广经理。这三位经理和其他渠道营销经理来往密切，但是工作的交集却不大。

设计经理。日常的工作让人有些嫉妒，他们会频繁出差，走访市场、调研客户甚至以采风的名义进行旅游。他的工作成果就是各种奇思妙想、创意设计和对流行趋势的把握。一部高级相机是他的工作标配，他的电脑里充斥着几个T的各种各样的图片，自然风光、家居装修、历史建筑、森林沼泽、社会人物等不一而足。

产品经理。他和设计经理的工作关系最为密切，主要工作是在收到设计经理的家具产品的创意以后，如果觉得可行，就将那种"虚"的创意一点一点物化到具体产品的设计图纸上。当图纸和产品名称完成以后，他会找到下一个人——推广经理。

推广经理。推广经理负责一般市场部的市场部推广工作，也就是广告宣传、推广物料、产品册等东西。在收到产品经理的图纸之后，他会从市场推广和行销的层面作出判断，并制定出推广策略和相应的支持信息，如产品描述、卖点提炼、销售话术、推广工作的设计方案等。

最后，以上所有的东西会形成一份完整的"新产品开发建议书"并交到营销总监手里获得签字批准，然后再由产品经理拿着所有的信息资料和生产工厂的制造经理对接。后面的工作就需要产品经理和制造经理在车间里共同辛苦工作了。当产品研制出来以后，会提交设计经理、推广经理、营销总监、制造总监、总经理进行评估审批后推向市场。

可能会有人认为，以上的流程对于大多数的国内中小型企业太烦琐、太复杂了。事实上这个岗位和流程对比于汽车、手机等行业要简单得多，而且就是在家居建材行业现实存在的。我们需要发现其中的要点：

1）产品经理属于营销部门，这样贴近市场。

2）新品的研发被分解为三个岗位——设计、产品、推广，各司其职。

3）当一个新品的设计完成以后，其外延的"虚"的部分也随之产生了，排在产品诞生的前面。

4）制造经理和产品经理的分离和协同模式，是市场取向模式的典范。

也许会有人认为，老外的模式不适合中国。笔者不认为以当下中国人工成本的水平，特别是本行业的平均人工水平，设置几个在产品研发层面的岗位会对企业造成多么不能承受的成本压力，这里面还是一个对待产品研发的态度和管理能力的问题。不得不说，我们以前的生意太好做了！如果一个残缺不全的"裸体"产品都可以卖得不错的话，谁愿意花钱去设计并为它穿衣服呢？可是事情正在变化。笔者很高兴看到在行业内的一些领先企业已经构建了以上的模式，并根据现实的需要做出了适当的调整，但模式不变，他们的营销做的也是业界翘楚。

第三节　一站式、一体化装修解决方案，叫好不叫座

■ 一、金螳螂和齐家网的宿命

1. 金螳螂，前浪拍在沙滩上

金螳螂在家居建材行业，特别是在装饰装修业内被认为是行业的

"头牌"。他们的"以家为核心的一体化家装服务平台"的商业模式更是教科书式的典范。行业内人士对它的创业史和后来发生的一些故事都有所了解,这里笔者也不想重复。至于它产生问题的内部深刻政治问题和客观环境原因,也不是本书关注的内容,这里只想从商业模式层面剖析一下这家以"一站式装修模式"为核心的典型企业给我们的启示。

虽然金螳螂公司的业务是以"以家为核心的一体化家装服务平台"为核心的,但是具体的发展经历了三个阶段。

1993—2005年,它以装修起家,第一个提出并实施了"一体化装修解决方案"的模式。金螳螂的成长阶段正好在中国经济高速增长、房地产繁荣昌盛的时期,这为它的快速发展提供了良好的外部环境。"作为风口上的猪"并通过自身商业模式的创新,公司业务呈几何级快速成长,迅速成为一颗业内耀眼的明星。但是一个事物均有其两面性,金螳螂80%以上的主营业务是公共工程装修,也是公司的支柱业务,这为后来的故事埋下了伏笔。

2006年,金螳螂成为装饰行业第一个上市公司,这有着里程碑的意义,是其发展的一个标志性的高峰,也是一个拐点。为什么是拐点呢?企业的上市,真正的意义不是公司的实力象征,而是好看并好听,且能够吸纳发展所需的大量资金。金螳螂迫切需要资金吗?是的,这就要提及前面所说的"伏笔"。作为业内的专业人士均明白,大量从事公共项目和政府工程的B2B业务,企业"垫资"性的财务能力是关键,无论是金螳螂还是其他同类企业,现金流是否健康始终是一个让企业头痛的问题。如果装修企业不能从业务应收的客户方获得足够的现金收入,那就只能去发掘建材供应商、装饰工人的"赊欠潜力"了。一旦这种平衡被打破,就会因为财务危机而致命,这就是金螳螂谋求上市的主因之一。有人说,资本就像海洛因一样会让人上瘾,一旦你沾染了就会深陷其中,无法回头。金螳螂也未能幸免,渐渐地它更像一个资本盛宴而不是装修实业了。

金螳螂虽然打着"家装"的旗号，公共工程业务的巨大蛋糕使其欲罢不能，形成偏重式的 B2B 一枝独大。荷兰病的魔咒使其因为公共工程业务获得了高速成长，同时也限制了其普通 B2C 家装业务的发展，更加严重的是其财务隐患。后面的事情大家都知道了，因为中国基础建设投资和房地产增长速度的变缓，地雷爆炸了……

2015 年，经过浴火重生，金螳螂高调进军家装电商 O2O 市场，虽然凭着行业内先天的高起点拥有了一片喝彩，但是繁华褪去之后却发现因为和互联网企业先天基因的不同，以及以往问题的余震，也是渐渐寂寥。

2. 齐家网，衣带渐宽终不悔

齐家网作为家装行业互联网 O2O 模式的典范闪亮登场。请大家先注意一个现象，从 2009 年开始的几年中，家居建材行业自己的团购、砍价会、品牌联盟等营销模式在各大城市如火如荼，这是一个大环境。齐家网将当时同样在行业内最火的互联网模式引入以后才有了后面的故事。

在当时，家居建材行业内面临两个问题：

1）传统以建材市场"坐商"营销模式的没落，苦于探寻新的"引流"模式。

2）互联网对各个行业的冲击。

因此齐家网和相同类型企业的兴起顺理成章。齐家网先定位中低端的 O2O 营销模式，并建立线上的 B2B2C 平台，说白了就是帮助传统家居建材商家从线上获取用户（流量），并以此产生盈利的模式。

具体分析如下：

展会，这是主要收入来源。就是利用线上平台招呼一堆网友去买东西，收取商户的参与费用，每月两场一年 24 场。通常全品类商户都有参加，瓷砖、地板、橱柜等。不过这些商家也不傻，他们参加展会的商品绝对不是他们的主营产品，不过也没关系，因为顾客也仅仅是冲着价格来的。笔者本人曾经参见过齐家网在上海光大会展中心的几次展会，并对商家和消费者做过调研。商家只会将促销品和过时的产品拿到这里，不然会对其他店面主营的产品造成冲击；消费者觉得价格还可以，不过还是会到其他建材市场去看看并对比价格，好像这个价格在那里也能拿到……

砍价会是齐家网特色的促销活动，会有几十个商户参与砍价。砍价费用和其他相关费用不等，仅以苏州为例，一年收入 2000 万元左右。这个模式没什么新意，和其他类似的营销公司和建材商家自营的模式并无不同，只是齐家网拥有在网络上召集用户数量的优势而已。

厂家直接团购，按照实际销售分成。这和砍价会区别不大，还是依靠流量的优势。事实上，各个品类的建材厂商自己的工厂团购做得也不错。

线上 Mall 平台，会有店铺入驻费用、消费分成、广告费用，这和淘宝的模式无太大区别。

由此可以看出齐家网商业模式的核心是流量。以线上传播的无限性和互联网的影响力，它可以获得比传统渠道更加广泛的潜在客户来源，这是一切的初始。至于其他线下的操作和行业内已经拥有的方式区别不大，对业内商家的吸引力不会持久。至于其主要的盈利模式——活动，业内的行家更加熟练。所以在上海的地铁上，笔者不问断地看到"家装博览会"的广告，地点、模式均差不多，也越来越不感兴趣。

3. 客户为什么不买账

笔者个人不认为金螳螂和齐家网的模式能够走多远，无论是金螳螂的"整体公装"还是齐家网的"散户流量"模式，这里面多多少少都会充斥着一些资本的气息。资本没有罪，反而是各项事业发展的重要血液，但是如果商业模式的设计一切以资本运作为目标就本末倒置了，因为资本是没有行业属性的，它只会按照收益最大化的方式去流动。如果一种商业模式仅仅是"吸血"，自己没有造血机能，很难能够持久发展。在此种商业模式的设计之下，商业经济最本质的市场需求可悲地被边缘化了。

事情其实很简单，无论是你还是我，在进行家居装修消费的时候，需求无外乎"三省"，即省心、省力、省钱，别无其他。细看起来更加简单。

省心。我要什么，你给我什么，就是消费者不想因为发生频次不高的家庭装修去费力地再次学习专业以外的东西，并为此花费过多的精力。我们都知道有一种说法就是，每次装修都是人们对物理和化学知识的一次升华，这不公平。如果你去买车，会需要对车子的每一个螺丝都了如指掌吗？而现实是在家装行业确实需要。

省力。省力对整体装修来说是最大的机会，因为家居装修或者工程装修的周期需要几个月到几年，谁会有时间天天去监督你的过程，你只要提交按合同约定的成果就可以了，而骨感的现实告诉我们这反而是最难的。装修，不只是针对几十、几百平方米的房间这么简单，它涉及了化工、钢铁、水泥、电力、水利、能源、电器、金属、五金、陶瓷、木材等几百个细分行业，笔者不认为有人会掌握这些行业的所有知识，一套专业、细致、可信、透明、合理的家装和公装解决方案是趋势。

省钱。因为装修的复杂性和不确定性，也就注定了其信息不对称性，如果你的信息不够，商家为此收取一定的费用也就顺理成章。这就形成了一种有趣的博弈：消费者设法学习更多装修知识以减少信息成本；商家却设法建立信息和知识壁垒以提高信息收益，囚徒困境啊。

这"三省"也许不能覆盖装修需求的全部，但是如果一个企业能够做到这三点也就足够了，以此为出发点的商业模式均不会差到哪里。消费者对目前整体家装不冷不热的态度，很大程度上是这种目前还不成熟的商业模式过多偏重了企业自身的价值，对消费者的价值贡献不像宣传的那么有吸引力。

4. 价格漩涡

"定制化家装解决方案套餐"是目前整体家装的主打产品之一，这种将所有的装修材料和施工费用分摊到房屋平方米数，再去根据客户房间面积计算整体装修费用的做法，信息透明、简单明了、便于沟通，理论上看似已经解决了前面的"三省"问题，然而实际操作上却非如此。前面提及的"流量哲学"使企业将大客户量定义为首要目标，实现这一目标最直接的做法就是"价格"，因而市场上出现了装修平方米价格1088元、998元、798元，直至出现了668元。无论是上海这种特大城市，还是一般的二三线城市，很难想象在目前的物价水平上能以668元每平方米完成一套房子的装修，这个价格让人存疑。另外，按照商业规律依靠低价格吸引来的客户是不忠诚的，也不会稳定，需要低价的顾客总会去发现更低的价格，这是一般的消费心理。

另外，地域市场合理水平的低价格套餐总是会被做成一种"猴形"：套餐内的所有材料和施工都是最基本的甚至有隐含的缺项，成本限定了没办法。消费者只能再根据自己的需求在套餐的基础上增项、升级，最后计算下来也不省钱、不省力更不省心。不过这倒是商家希望看到的，因为方案的增项和升级正是其利润的来源，668元只不过是吸引客流的一种方式，这成了一种路人皆知的手段，自然也就丧失了其原先的价值。最后就会形成家装套餐价格的双漩涡，一方面套餐的价格从高到低因为方案和时间的不同螺旋式下降；另一方面，客户的个性化需求的套餐外的付出螺旋式上升。这种商家和顾客背道而驰的营销模式早晚会出问题的。

■ 二、解决方案的本质是产品化

"定制化家装解决方案套餐"这种营销模式设计的初衷无疑是正确的,也是未来发展的方向,然而展会、团购、价格套餐、材料集团采购等,以及以此为基础的电商化本质上都是传统家居建材企业运作很久的既有模式,本无新意,更不是此模式的核心价值点。

对比我们日常生活中购买的其他如服装、食品、汽车、家电等商品,我们关注的无外乎商品本身、售后服务、价格这三个要素。商品构成固定、购买过程简单明了、价格透明,使得购物被认为是一种愉悦的体验。与之相反,在建材装修市场任何的家装、公装却都是一项极其复杂的工程,虽然将装修和日用品比较是不合适的,但也多少体现本行业的成熟度还远未达到先进水平,更不要说国际先进的水平。

日本,GDP 世界第三,也是发达经济体中唯一的亚洲国家,在地理、文化等方面和中国接近。一提起日本的产品,首先进入我们大脑的是他们的电器、日用品和食品,而事实上他们的装修建材市场也是非常发达的。TOTO,这个中国消费者熟知的卫浴品牌,早已经脱离了单纯的卫浴产品这一局限,成为日本最大的集成家居品牌,其他的还有骊住(LIXIL)、DAIKEN、YKK 等。总结一下他们的商业模式:

(1) 紧贴消费市场。在日本,虽然建筑用地是私有的,但是这个多地震、多自然灾害的国家对房屋建设和装修有着严格的规范和法律规定,因此装修成为一项非常专业的工作。认真精细的做事风格,也促使消费者对家装的款式、质量和费用有着近乎苛刻的要求。生活的快节奏和对生活品质的高要求,使日本人更加趋向"拎包入住"的模式,少有人愿意在自己不擅长的装修上浪费时间和精力。以上这些日本消费者的特点早已被高度市场化环境下的家居建材企业洞察，因而产生了极具特色的装修建材行业模式。

（2）集成家居产品化。基于成熟的市场环境，家居建材的行业集中度非常高，且各个细分的产品门类齐全，因此虽然表面看起来行业内企业众多，但每一个细分的市场竞争并不激烈，至少没有中国激烈。在这个行业环境下，结合消费者的具体需求，一些排名领先的企业很容易通过收购和联合形成一个集约化的联盟或者集团。在这个联盟和集团内部，所有装修所涉及的设计、建材、施工、服务等环节都会被高度整合成模块化的部件，并形成完整的产品化系统。这个系统会被企业通过良好的运营和把控打造成装修品牌，也就是说，他们出售给消费者的不是单一的产品或者装修工程服务，而是经过精心设计的"品牌化装修产品"。在这个"产品"面前，消费者所要做的就是根据自己的需要进行简单的个性化定制，一旦购买合同形成，也就意味着这个"装修产品"的各个零部件（包含实体的建材和软体的设计施工服务）也固定下来了。更重要的是装修的预算总价也是固定的，顾客不会再多付出一分钱，其精髓就是"预算等于决算"。

简单专业的营销模式。在营销层面，此类装修的品牌企业有以下两种方式：

（1）B2B。因为自有的房地产模式和出于专业化考虑，日本的不动产商愿意寻求与家居建材服务商合作，为消费者提供定制化的精装修房。这和中国的市场截然不同，国内的房地产开发商更愿意染指装修行业的蛋糕，因为不专业，他们能提供的精装房的样式、品种很有限，远远不能满足不同消费者个性化的需求，这也是为什么国内精装房市场发展速度不理想的原因。

在日本，当房屋还停留在图纸上的时候，品牌装修服务商就已经通过和不动产商的联盟进驻到售楼处，并根据不同房屋的特点和消费需求的大数据打造出实际可以落地的家装设计和体验间。请注意，这个体验间与国内一般意义上的样板间有两个不同，一是体验间的房型和这个房产项目一模一样，并兼顾了不同房型设计；二是体验间的装修产品是实际存在的，不仅仅是一个样子而已，也就是说，消费者所见即所得。消费者在选购房子的时候，房子装修一站式完成，不仅顾客省时省力，不动产商和装修商也在销售上利益均沾，互惠互利。

（2）B2B2C。这是针对自有房屋消费者的服务模式。除了自有的设计师以外，装修商会和众多的设计公司、设计师形成合作关系。这些设计公司和设计师除了自营的房屋装修设计业务以外，本身也自然而然成为装修上的代理和营销触角。因为专注于设计，在建材操作上设计师远没有装修服务商来得更加专业，对他们来讲，将一份设计好的图纸甩给装修商，装修的各个部件就会按照设计要求一站式配备完毕，省时省力还有钱赚，因此他们也非常愿意和后者形成业务联盟。

同时为了充分实践家居建材营销的特点——体验为王，装修商会在交通便利的市区建设规模合适的体验中心。在这里，建材、体验间、解决方案展示、洽谈区、设计工作区、家装顾问等应有尽有，无论是设计公司还是消费者都可以到这里实景式地选择自己需要的商品或者方案建议。

反观国内，装修设计公司、家居建材和施工企业却是松散的关系。虽然每个设计师和设计公司多少都会有几家合作的建材商和施工队，但是合作并不牢固，设计师更是依靠初级的差价和回扣来获得建材方面的收入。这意味着设计师需要在自己不十分专业的建材和施工供应上劳神费力，而且一旦他们和供应商之间的"交易内幕"被消费者识破或者产生售后问题，后面商务纠纷也会让设计师们头痛不已。

以上才是实至名归的"定制化整体家装"，其核心本质是将整体装修"产品化"。但这也不是什么"独门秘籍",中国同行的一些有识之士,已经看到了这个发展趋势,除了已提及的装饰装修行业以金螳螂、齐家网为代表的企业以外,家居建材行业内的各个细分品类的商家也都各自纷纷上马类似概念的产品,如海鸥卫浴推出的整体卫浴、方太和欧派的整体厨房、各个木业企业的整体家居、整体卧室等林林总总,遗憾的是这些行动却始终因为在市场面前曲高和寡而发展迟缓。

一些家居建材企业在"整体家居家决方案"上走入了一个误区,就是狭隘的制造思维,甚至原材料思维。众多的"方案"始终停留在部件甚至零件的基础上,根本不是真正意义上的"整体",更加谈不上"产品化"。如基于橱柜产品的整体厨房的概念,并不包含厨房电器(这涉及家电行业)、厨房装修(这涉及瓷砖行业)、水槽和水龙头(涉及卫浴行业)、灯具(涉及照明行业)等,所以这个"整体厨房"还是停留在橱柜产品层面,仅仅是个概念而已,对消费者而言价值有限。

另外,依靠单一企业以单一品牌单打独斗的运作方式,不仅产品延伸能力有限同时也大大限制了消费者的选择。前面提及过的海鸥卫浴,产品品质没有话说,很多国际大品牌都是它来贴牌生产,自有的品牌在二三线城市也还算是畅销。当其推出以浴室墙板为核心的"海鸥整体卫浴"产品的时候,在市场层面就面临了问题。顾客如果选择了"海鸥整体卫浴"就意味着必须选择所有的海鸥卫浴和为数不多的几个联盟品牌产品,这对品牌影响力还不足够的海鸥卫浴绝对是个挑战。

事实上,依靠单一的核心家居产品螺旋式向整体家居延伸的方式一直是一个有争议的问题,即使是像宜家这样的国际大企业也未能根本解决。宜家中最受欢迎的产品还是家具和一些厨具、装饰类的小产品,在利润丰厚的床垫、厨卫等领域一直摇摆不定,卖场设置也一直变换不定,其主要的原因就是这些细分门类的产品都有自己的强势品牌和产品,即使是引入他们也无法形成整合产品,哪怕是国际大企业也无能为力。

三、复杂的系统构建

中国的整体经济环境发展成为成熟的商品经济还需要相当长的一个阶段，植根于农业经济的产品思维还会影响很久。这使得以解决方案、服务为核心的"整体家居"的发展还需要经历一个过程。无论这个过程有多长，如果起点就是错误的，时间越长错误就越大。有一种观点认为，整体家装的核心是产品模式和营销模式，这就太停留在表象层面了。事实上国内此行业举步维艰的根本原因是运营模式，即产品供应系统和营销服务系统的构建。

1. 起点：材料还是功能

如果您是一家成功的家具企业，当现有的产品和业务发展到顶峰的时候，下一步新市场的选择是什么，这是个值得思考的问题！如果从材料出发，所有以木材为原材料的产品都是方向，如木工板、木地板、木家具、木门、橱柜、木工艺品等；如果从产品出发，则是生活家具、办公家具、酒店家具、餐饮家具等；如果从用途出发，就无所适从了，因为不知道应该从哪个行业切入，一种原材料横跨的产业和行业绝对不是一两种，该如何转型呢？

在20世纪初期，老福特创立了自己的汽车制造企业，并以"让每个美国家庭都开上福特汽车"为目标开始了疯狂的扩张。为了降低单位成本，福特开始以汽车行业为中心兼并上下游的几乎所有产业，覆盖了矿山、冶炼、钢铁、铁路、石油、化工等，形成了以汽车为龙头的庞大帝国。然而好景不长，随后福特汽车就感染了大企业的两个通病：一是集团的各个分支横跨具有不同规律的多个行业,并在其封闭的企业内部系统中运作,造成效率低下,使企业的竞争力急剧下滑;二是大型垄断企业对市场竞争环境的损害引起了美国政府的反垄断调查。当老年福特在弥留之际给后人最后的忠告:如果一个企业妄图通杀其产业链上下游所有的业务,这是愚蠢的。

福特的失误在于他制造和营销的产品是汽车,脱离自己的核心业务和行业属性,盲目以自己的产品为中心横跨行业去兼并其他产业,在整体运营能力不足的情况下,出大问题是必然的。

前面提到的家具企业从事的仅仅是家居建材行业的一个细分的家具产业,如果贪大求全贸然涉足木地板、木门等行业是不明智的。虽然是原材料和制造加工同属于木业这一范畴,但是他们之间的运营和市场规律是完全不同的(如木门产品的定制化操作就会让生产成型产品的家具企业头痛不已,很多木地板企业也是在涉足木门行业后无功而返),无疑这种以木材为中心的"螺旋式"扩张的起点是不正确的。

如果从产品出发,即按照家具的品类细分为生活家具、办公家具、酒店家具、餐饮家具等,然后再寻求一个突破点,在传统的产业思维下,这个方式无疑比以原材料为中心好得多,乃至可能成为不二的选择。

然而情况在发生变化。假如一名属于SOHO一族的创业者,想购买一套在家办公使用的书房家具,那它属于生活家具还是办公家具呢?如果我们只是将小型的专业办公家具植入他的书房,能够满足他的需要吗?就拿一把办公椅来说,企业对其的要求是牢固、效率高和管理层级的体现(有没有扶手);而家庭书房需要是舒适、小巧、美观。家庭办公椅和企业办公椅的产品性能因为用途的不同有很大差异。所以,笔者给这家家具企业提供的建议是做好市场调研,发掘消费者的细致需求,确定市场方向和需要，再去研发适合的产品，最后企业很可能因其产品线的丰富和适销对路，成为办公家具解决方案提供商。

2. 起步：慢一点，不着急复制

整体家居解决方案的两个拳头是产品供应系统和营销服务系统，这也是此商业模式中最难构建的部分。对比中国齐家网和日本同行的不同表现，我们就会发现经营理念和商业模式的根本不同：国内的核心是营销，日本的是服务；国内的营销是促销、日本的营销是运营；国内对合作方是压榨，日本的是分享；国内是快速扩张，日本是稳扎稳打……因为国情和市场阶段的不同，很难评价孰对孰错，有一点却是值得我们向日本企业同行学习的，就是他们系统化的构建。

因为周边的合作方、供应商、消费者都很成熟专业，浮皮潦草的解决方案设计是无法蒙混过关的，因此日本企业将最大的精力和财力集中于解决方案的系统化设计。这里面包含：系统效率——决定成本和品质；系统完整性——决定服务水平和产品化；系统的把控和操作——决定了良好的运营和风险控制；系统的开放性——决定了持久的业务来源等。所以对比齐家网接连不断的、暴风骤雨的促销活动，日本同行却采用了润物细无声的方式，这也符合日本人一贯精益求精的做事方式。他们是在将整体家居系统采购、运营、施工、营销、合作、体验等方面制作得近乎完美无缺的时候才开始在日本各个城市慢慢复制扩张的。

笔者建议整体家居的重点应该是体系构建、系统运营和客户体验，其他都是细枝末节，更不是盲目复制扩张。

3. 利润从哪里来

如果体系设计合理，并能够被消费者、供应商、合作方认同，利润自然不是问题，这不是"站着说话不腰疼"，因为家居建材行业的供给侧和需求方之间的差价太巨大了！笔者做过一个测算：消费者得到的价格是出厂价的 4 倍，也就是说，其中 75% 的利润被分销渠道消耗掉了。

笔者 2009 年在上海装修过一套房子，为了验证自己的观点，只制作了严格的预算，并在建材市场利用行内人士的优势和人脉关系，从各个店面得到了他们的最低价格。装修完毕结算下来，成本是市场标价的 30%。请注意一点，笔者的建材是从店面里面直接买的，也就是经销商的价格，不是出厂价哦！

之所以能够以 30% 的价格完成装修，是因为笔者是业内人士，信息对称；有关系和知识基础，议价能力强；笔者设计了专业的采购预算方案。这个成果对笔者来说很简单，但是作为外行的普通消费者却是很难做到的，所以整体家装解决方案的模式一定是合理的，且有钱赚的，这个毋庸置疑。75% 的渠道差价、解决方案的服务增值，与设计公司和房产商的收益共享，这都是利润的来源。实现这些的大前提是良好的系统设计和运营。

当然，如果一些人的目标就是快速圈钱，那也无话可说。

第四节　商品哲学

一、以人为本的营销核心

一件物品，当我们不需要的时候，就会选择丢弃或者卖给他人。当我们选择出售的时候，对其的价值判断就会面临自我观点和对方观点的不同乃至冲突，只有两方观点达成妥协和一致的时候才会达成交易。

第四章 从产品到商品：实与虚的纠结

笔者有一张床，2000年结婚的时候买的，那时花了近1万元。15年以后，这张床已经部分破损但是却承载了15年的生活记忆。笔者计划将它更换虽然有些舍不得，当找到回收旧家具的小贩时，他给出的价格是50元，因为此款床虽然好看但不是全实木的，他还要费力搬下四楼。您认为笔者应该接受这个价格吗？

笔者的书房里有一套办公家具，款式就是那种"老板台"样子。很多客人到笔者家都对这个"老板台"赞不绝口，但是我太太却不以为然。她认为样式不够时尚，粗大笨重且老气横秋，更重要的是体积过大占据了书房的大部分面积。结果是笔者忍痛以200元的价格将其卖了，并以2000元买了一套宜家的简约款式书桌。当笔者的朋友再次来的时候，发现那"老板台"被换成了"小气"的书桌时，他痛心疾首。笔者做错了吗？

一件产品，无论其消耗了多少"社会必要劳动时间"，当它被需要、被交换的时候，人的需求也就成为其决定性的条件。西方经济学的主流观点认为"市场需求理论"才是商品的本质。从营销人的片面观点来看，以人为中心才是一切的源泉，毕竟商品是由人来买卖的。理由很简单：如果在沙漠里快要渴死的时候，在一瓶矿泉水和一块金砖之间选择，没有人还选择金砖，才没有人会在乎什么劳动时间呢。如果人都没有了，哪里来的商品？

在20世纪80年代，人们对自行车、手表、电视机、冰箱等产品趋之若鹜，甚至还要凭票供应，不正说明了产品的重要性吗？时至今日，过往物质短缺的印记在一些人的记忆中依然深刻，某种程度上也影响了我们对于物质或者商品的态度。而这件事的本质却不是产品有多重要，而是长期以来商品需求被压制以后，商品和需求之间的客观平衡关系需要极速反弹恢复，并在短时间内集中爆发。几十年过去，现在商品和需求之间的关系翻转过来了，从事以上几大件生产的企业均需要穷尽所能做营销才能撬动需求。

无论情势如何，商品会因为需求的变化而被选择，而需求虽然有时候短期内被外部条件和商品供应所扭曲，然最后还是会恢复它与商品的平衡关系，这是客观规律。因此，我们的营销始终要以市场消费者的需求为核心。人的特征兼具理性和感性两个层面，也是消费心理学将消费者需求分为理性需求和感性需求的根本原因。通常情况下，消费者的成熟度、市场的透明度越高，人们的消费也越趋于理性，反之则趋于感性。在成熟度远没有达到理想水平的家居建材行业，我们可以认为大多数消费者的购买行为主要还是由感性需求驱使的。虽然他们有时会陷入价格和功能的纠结中不能自拔，这反而是更加不理性、不成熟的表现。

在商品本身之外，尊重、理解消费者的需求，并充分认识消费者需求的感性、理性的双重性，这是在市场上打拼的商家必须做到的，甚至需要在感性层面矫枉过正一点才好，毕竟我们以往对这方面的表现差强人意。

消费者是有弱点的。如何看待消费者在购买行为中的弱点和不理智行为，这是对商家的考验。像脑白金那样利用并放大顾客的弱点和非理性是不可取的，这只能让企业拥有一时之快，后面剩下的只能是一片市场的蛮荒。看看中国保健品市场持续萎靡不振的现状吧，这就是最好的例证。对消费者的弱点进行深刻理解和尊重，并能够在市场行为中因势利导地帮助他们弥补弱点，这才是我们应该有的态度，绝不可乘人之危。请牢记：市场和客户是需要来养的，不是用来杀的。

■ 二、让商品自己说话

消费者的需求被放到如此首要的地位，那商品是什么呢？不过是买家和卖家满足需求实现市场价值的载体，卖家要的是利润、买家要的是功能。商品的功能（性能、品质、包装等）和市场功能（品牌内涵、营销资料、产品展示等），这两者是硬币的两面，缺一不可，而市场功能却被严重忽视了。

笔者参与过一家高端木地板品牌终端店面的装修工作，最后在店面装饰、产品展示上和经销商产生了严重的分歧。他们认为既然是高端产品，其展示氛围一定需要高端。为了实现高端，必须采用黄金颜色、罗马柱和巴洛克家具来烘托氛围，并且地板样板需要镶金画框，以体现地板的高贵；在产品出样上，为了体现部分珍贵木材的价值，需要按照木种进行分类展示，同时也便于消费者分门别类地选购。

面对这个观点，笔者则提出以下质疑：

1）这种金色的浓妆艳抹的装饰和喧宾夺主的家具饰品配套，谁会注意到我们的地板呢？

2）高端一定是巴洛克风格吗？它和我们的品牌内涵和产品的设计风格合拍吗？

3）消费者选择地板一定是按照木种的吗？如果按照木种展示，那不就是说我们的橡木、枫木地板属于低端产品，凭什么卖这么贵呢？

4）除了大量饰品的堆砌，就没有其他方式可以体现产品的价值感了吗？

5）如果这样展示，让销售员如何导购呢？

……

让人沮丧的是笔者的意见并没有人重视。不过还好，另一些建议被采纳了：

1）在产品标签上添加文字介绍（不过介绍的文字还需要笔者来撰写）。

2）对主打产品会在旁边展示装饰效果图（可以预见，效果的风格还会产生争执）。

3）将洽谈区的家具改成了小型的、带腿的沙发，避免遮挡地面的地板……

以上暴露出来的问题不能说经销商有什么原则性的错误，毕竟他意识到了产品展示的配饰对销售的巨大作用且做了努力，是商家在向分销渠道推介之前在产品市场功能方面工作的缺失。产品制造型企业在市场面前有一个顽疾，即将产品造好丢给渠道经销商就万事大吉了，至于该怎么卖那是他们自己的事情，只要及时回笼资金就够了。这种对产品市场功能的忽视，就会造成产品在面对市场的时候出现缺东少西及各种营销失控的局面，最后损害的即是经销商，也是商家自己。

从更加宏观的层面来讲，如果商家不深入做一些市场营销的工作，经销商和商家之间也就只是简单的商务合作关系。如果提供了不完整的商品给他们（缺乏市场功能），营销效果也不会好。以前面提到的木地板企业为例，我们后来用了将近一年的时间去亡羊补牢：为主要产品拍摄意境效果图，设计符合产品和品牌定位的店面SI并对经销商进行培训，设计店面销售流程并撰写销售话术，装修样板店面并组织经销商参观，进行品牌文化和产品设计风格的培训……这些看似都是市场行为，但本质上都是产品的一部分，不可或缺。

请注意：树荫和声音都是他们主体的一部分。与其让经销商和销售员口干舌燥地用语言介绍产品，不如让产品的立体形象自己说话，这样更加简单、形象、直观、深刻。但是需要商家一开始就提供一个完整的商品，毕竟商品的真实展现胜过销售员的千言万语，更何况客户大部分还是相信耳听为虚眼见为实。

■ 三、好用且好看，软硬兼备

将产品做得好用，不仅仅涉及一个产品的最基本的品质，还涉及产品与使用者之间的一种微妙的关系，即消费者在使用上的便利性、愉悦性。长期对产品基础功能和低成本的追求使我们对产品的要求还停留在"够用"的水平，对市场现实的忽视和误解，使得设计和生产者认为好用是一种可有可无的奢侈，结果生产出的产品粗糙、笨重、"不足值"。

中国人对日本电饭煲的推崇就是一个例子，中国当然也有自己的电饭煲，但是大都处于"将饭做熟"的水平，最多增加几个煲汤、炖肉的简单功能而已。平心而论，对比国产品牌，日本的电饭煲在炖肉、熬粥的功能使用上不是很方便（也许因为日本人很少吃这类食物），但是仅仅在蒸米饭这一核心功能上，日本产品却被设计了七八个不同功能档位，可以蒸出具有不同细微口感差别的米饭，如普通米饭、硬米饭、软米饭、寿司米饭、杂粮米饭、豆米饭等不一而足，既考虑了不同的米饭种类，也可以满足不同人群对米饭口味的要求。当然，这不是什么高科技，但如果要将这么多功能变成现实，需要做的工作却并不简单，需要企业对各层次的消费人群、不同品种的大米、不同水质等电饭煲的以外因素进行广泛深入的研究和理解，才能在技术设计、研发制造上实现，这就是在产品便利、好用上做到了极致。好消息是国内家电企业很快接收并消化这一理念，并因地制宜地的根据国人口感爱好、大米、水质等不断推出更加适合中国人的电饭煲。

笔者认为家居建材行业的成熟度比家电行业落后至少6~8年，以至于大量的低端产品连"够用"的基本要求都达不到，更谈不上好用了。有哪个家庭没有过那些不愉快的体验：异味很重的油漆、一拉就坏的铰链、用不了几个月的电灯泡、开裂的瓷砖，等等。中国家居建材产品的制造在"够用"功能上的提升看来还需要奋起直追，在"好用"上却更加任重道远，然而这还不是最困难的。

好看，这才是最难的，中国设计一直是个老大难的问题。先不要求好看，要达到不难看这一最低限度都很不容易。如果您不相信，就去浙江义乌参观一下那些价格便宜、质量粗糙、花里胡哨的小商品就会明白了。关于中国创造、中国设计的问题和挑战已经被专业人士讨论多次，这里不想再画蛇添足，仅仅想谈谈家居建材行业。

目前人类能够调制出来的颜色不过20000多种，也是足够用，关键是否在被有意识地使用。一家建材企业引入了一个欧洲品牌，此品牌的标志色是一种酒红色，外商将色号提供给了国内商家以便进行终端品牌展示，但是寻遍国内却找不到相同颜色的油漆，最后外商也被迫接受了最接近的颜色。有一种论点认为中国人对颜色不敏感，所以喜欢大红大绿之类的颜色，然而随着中国开放程度的增加、眼界的开阔，国人对颜色复杂度要求不断提升这一事实却不容被忽视。

在颜色的使用上有两个层面：第一需要有意识地设计颜色，第二设计出正确的颜色。这又回到我们讨论过的最初的观点，你是否对产品的市场属性有着足够的重视，并愿意为此付出一些努力，做起来并不困难，找个专业的设计公司就可以了。如果您的产品是水系统的金属类产品，保持金属色或者与水接近的蓝色无可非议，但如果是水暖系统是否就应该考虑一下红、橙、黄这些暖色调了呢？请明白一点，在销售角度，顾客第一眼看到一个产品的时候，最先感受到的是它的颜色，然后才是其他。

外形，形状美感这个话题太庞大了，这里没有足够的篇幅讨论，我们只谈几个原则。

第四章
从产品到商品：实与虚的纠结

不要因为功能而牺牲外形。去看看业内相对先进的卫浴行业就明白了，他们产品的颜色几乎无变化，但是创意外形设计层出不穷。这些外形对其基本功能几乎无贡献，但是给消费者带来的审美体验却是新鲜的，因为他们明白，卫浴这一产生于生理需求的产品，已经进化为被人们的舒适、审美和个性左右了。如不如此，在浴缸、花洒、水龙头、抽水马桶等在百年前被发明的那一天，这个行业就已经接近停滞了。消费者对于家居产品不断迭代的需求是很多行业内的企业现在还能生存的原因，请不要坐井观天，为产品一两个基本功能的改善和成本再一次降低而沾沾自喜，对外界大势和市场的变化视而不见。

包装，并不是浪费，更是容易被忽视的关键营销点。

一个产品生产出来，在出厂之前一定会被包装，其目的是为了保护产品和展示产品的基本信息，这些都是毋庸置疑的，那么包装还有其他功能吗？当然有，去看看酒类行业那些千变万化的瓶子吧！白酒外观和水无有区别；啤酒也都是那个"金黄色"；红酒之间的颜色差别大吗，为什么每个品牌的瓶子和包装均不相同？因为那个行业的人士明白包装的重要性。不然在我的酒进入消费者的口里之前，怎么知道是我的品牌而不是别人的品牌？更加登峰造极的是化妆品行业。

笔者曾经在日本为一位女性朋友买过化妆品作为礼品，此款化妆品和其他同类产品本无太大不同，但它是两瓶在一个密封包装里面，本以为是买一送一或者促销装什么的，购买时也未太在意。当回国以后将此礼品用快递送出的时候，她在微信上回复"包装太漂亮了"，而不是此产品有多好用。笔者很诧异，查阅了购买时收集拍的照片，发现了一个不多见的现象：这两瓶相同的化妆品，虽然被密封进同一个透明的包装里，但是它们的包装盒却不相同，因为它们各自包装盒上的图案是不相同的，二者组合在一起就是一幅美丽的樱花风景图画。如果将包装拆开成为独立的一瓶，则整体画面就会被破坏，没什么特殊感觉。日本人为了营销包装做得可真到位。

有一个名词就叫作"过度包装"，这是因为国人特有的礼品文化，也是对比于西方仅仅用一个牛皮纸袋包装一瓶价格昂贵的红酒送给客人的行为而产生的。但是同属于亚洲的日本人却不这么认为，他们会为几袋日本渍物咸菜做一个让人觉得极度过分却又喜爱到不行的包装售出。这也许是文化差异，却更加可能揭示了一个营销的规律——包装并不多余。理论上，日本诸岛的资源比我们匮乏，所以他们应该更加"节俭"才对，事实却是精神的需求对日本人更加重要，所以他们商品的包装每每会超过商品本身的价值。不去理论其中的缘由，这里面对产品包装的理解值得我们回味。包装，作为商品的一部分，它所传达出的对顾客的尊重和关爱，以及对营销产生的价值，一点也不逊于商品本身。

看不到的地方，如果您能看到他也会看到。

如果我们仅仅从视觉感观来分类，可以将家居建材产品分为装饰和装修两大类，二者之间根本的区别是看不看得到。能够看得到的，如家具、地板、电器、灯具、开关、橱柜、浴缸等是我们日常生活经常会看到接触到的物品；看不到的，如锁具的锁芯、角阀、螺钉、水管、电线、水泥、木工板等这些我们看不到或者很少使用的物品，其中大多数属于隐蔽工程。后者是隐蔽工程，那么外观仿佛就不那么重要了吧？

因为过往装修的经验和教训，笔者在进行家里的第三次装修时格外严格，特别是也意识到了隐蔽工程的重要性，因此一点也不敢马虎。房间的所有插座，除了需要保证每一面墙至少一个的数量要求以外，打算买大品牌、高品质的。因为个人的业务关系，笔者从德国西门子上海经销商那里拿到了三折的价格，在如此优惠的情况下，在插座和开关上面也花了 1500 多元。

终于房子装修进行到尾声，装修队的电工戴师傅开始在墙面上安装最后的电气设施。笔者将那 1500 多元的开关和插座拿出来交到戴师傅手里，然后就去干别的了。过了一段时间笔者发现戴师傅在打开一个个插座的包装并快速安装到墙上的时候不断啧啧叹息。笔者就问他为什么叹气，他回答："大品牌就是大品牌，你看这个包装真漂亮而且是真材实料。我干电工二十多年了，这是第一次不用螺丝刀安装插座，因为这个插座后边接线柱是卡口的，将电线插入就自动锁住了，不需要再拧什么固定螺丝。你看看这插座的背面金属电路还带一个很厚的透明塑料外罩，在调试的时候不用担心触电，而且在使用的时候也可以避免尘土等杂物进入导致电线短路等故障，真是细心。以后我再接活的时候也一定向房东推荐这个品牌。"

戴师傅本来计划要花费一天的时间来安装这些插座开关，结果仅仅用了三个小时就完成了，因为卡口式接线柱让他的安装动作飞快，塑料保护罩也保证他放心大胆地干活。临走的时候还一直说东西真好。

以上真实的故事说明隐蔽工程产品的外观同等重要，事实上，任何隐蔽工程的材料从出厂到其真正处于装修后的"隐蔽"状态之前还要经过一个漫长的过程：从经销商、设计师、装修工人到消费者等诸多的环节。其中每个环节，无论属于 B2B 还是 B2C，都会将产品外观作为判断其品质的重要条件，因为他们要以此条件来判断产品是否好卖、好用。商品的外观兼具了其产品功能和市场功能，也是它自己和形形色色的使用者、购买者最直接的沟通途径。

质感良好，是描述商品外观的一个非常神秘的词汇，既是对产品品质和外观的肯定，也充分透露了使用者和购买者从心底迸发的一种愉悦感。任何一件商品，假如能够给使用者和购买者充分的愉悦体验，其销售潜力是不可限量的。在这一点上锁具厂商深谙此道，他们的产品，哪怕是安装以后使用者根本看不到的锁芯，也在产品的外观、包装上做足了功夫，无论看起来、摸起来还是颠一颠、敲一敲，那种金属的色泽、质感、重量、声音都会给人以真材实料、制造精细、品质优秀、经久耐用、安全可靠的感觉。无论出售给产业链下一环的企业还是直接售给消费者时，这个商品本身就传递了信息："不用别人来介绍，我自己就直接告诉你我很优秀。"

启发：在商品之外，夸耀其如何优秀，是费力且不可控的，倒不如从商品本身的产品和市场功能出发，完善基本功能以外的颜色、形状、包装等及配套的品牌内涵、营销资料、产品展示等条件，让商品自己说话。这表面看起来会部分增加制造成本，实际上会大量节约在营销渠道上的投入，并且信息不会在流通环节的操作中变形、流失。笔者不认为那些国际大品牌在中国的代理商就一定水平很高，但是他们强大的、完整的产品力却能够一剑封喉，这也是为什么他们在分销商面前很强势，国内企业却做不到的原因。

建材家居营销：除了促销还能做什么

第五章
线上与线下：等死还是找死

企业效益不好，去做电商吧！销售业绩不好，去做电商吧！渠道成本太高，去做电商吧！想要节约营销成本，去做电商吧！过去的2013—2015年，互联网、电商、O2O在各个行业甚嚣尘上，家居建材行业也不例外。当然，也有不和谐的声音认为某些行业不做电商是等死，做电商是找死。

第一节　家居建材和装修装饰行业可以做电商吗

■ 一、互联网电商大发展

"除了长生不老药以外，哪种药你最喜欢？"可以预计包治百病的药你一定喜欢。有科学常识的人都明白，这两种药都不存在。同理可证，如果有人告诉你一种模式、一种手段、一种操作可以解决你所有的营销问题，那也一定是可疑的，互联网电商就是这种"万能药"之一。笔者是天津大学物理系毕业的学生，一位室友有一句口头禅："这个世界上绝对没有绝对的真理！"那真理是什么呢？

首先，电商的根基互联网的本质是什么？这个题目太大太专业了！有互联网业内的资深人士曾经说：它是人们实体肉体以外的第二本体；它是人类真实社会之外的第二社会；它是现实经济以外的第二经济，而且最终会替代现实经济……这些似曾相识的语言唤醒了我这70后的一些记忆：起了红茶菌、甩手疗法等。

互联网其本质无外乎是一种信息交互手段而已，它和人们原始的语言、文字、书信、电报、电话相比，除了效率的提升没有本质的区别，也就是说互联网能够实现的目的，通过其他手段也可以完成，只是效率没有那么高而已，这也就注定了互联网的可替代性。假如笔者正在马尔代夫休假，没有WiFi甚至没有电话，如果对效率没有要求，也可以获得很好的体验，只不过就是需求被服务生人工操作了而已。

其次，在商业层面。互联网经济正在大放异彩，三大巨头BAT（百度、阿里巴巴、腾讯）殊途同归般地走向了同一条路：卖东西或者做广告，并且赚得盆满钵满。好似这是一条快速致富的捷径，然而有一个事实却被忽略了，这三位互联网老大的商业模式后面好似都有实体经济的影子支撑，在剥离了形式的外衣以后好似也没什么新意。电商只要其经营的商品是实体的，是离不开现实经济主体支撑的。互联网在商业上的成功，不过是在原有经济模式的基础上大幅度提高了运营效率而已。

最后，在营销层面。在一次聚会上，一位曾经从事销售的同事说过一句话："干销售真是很容易的，聊聊天、喝喝酒就可以了。"这虽然是个笑谈，抛开那些晦涩的理论定义，这句话却也道出了营销的本质——沟通。身为营销人员，我们不产钢、不打粮、不盖房，那我们生产了什么可以让我们赚这么多钱？答案就是信息。我们搬运和生产信息，也即是说，我们将客户的需求信息和企业的产品进行有机嫁接，嫁接成功的生意成功，反之则失败。

在目前人类的科技水平下，互联网还是最高效的信息沟通途径，也就注定了其对营销的巨大变革。这种变革我们也似曾相识：电话的发明，在以往人员拜访和商业书信的销售形式上增加了一种沟通和营销模式；传真的产生，改变了商业信函与合同的模式；电视的出现，让我们可以通过视频会议和客户见面等，然后我们现在又多了一种综合、高效的互联网模式。

然而互联网的高效还停留在效率上，效能并不理想。20年前曾经有人预计，因为互联网信息沟通形式的出现，商业面对面的会议会大幅度减少。可是结果正相反，在它产生以后，商业会议的数量反而在3年间增加了一倍。请切记，只要是人没有改变，面对面的沟通是最有效的信息沟通方式，其他如电话、互联网、邮件都无法替代人与人之间即时、全面、多层次的信息互动。

到了2016年，马云开始和上海百联超市联手推广他的O2O新零售模式了；雷军的小米手机，因为过度线上营销，错失了建设线下实体店的机会，被VIVO、OPPO手机抢先占据了地盘，后悔不已。

早在2012年，笔者就和一些业界的朋友讨论过"互联网升级"的观点，当时的人们还处于兴奋和躁动期，知音难觅。这里笔者只能再次给那些还执迷不悟的人们几句忠告：

1）世界上没有万能药，互联网不包治百病。
2）人性不变，商业规律就不会改变。
3）位置落后意味着大倒退，不要人云亦云。
4）谨守自己从事的行业规律才是正道。

■ 二、产品和业态差异

回到家居建材行业，该如何做互联网电商呢？首先还是需要分析一下我们的产品和业态的特性才好。与电商畅销产品的标准化、通用化、信息透明化不同，我们还停留在工程阶段。虽然部分细分的产品可以实现网络销售，但还不能改变整体的业态形式。因此，笔者认为家居建材行业在近一二十年是不适合互联网营销的。

家居建材产品，有一个与众不同的特点就是对现场体验的依赖，这决定了线下实体的主导地位。

床垫行业的老大穗宝床垫，数次设法在互联网营销上实现突破。他是有理由的，因为床垫是个成熟的整体产品，仅仅需要配送就可以到达顾客的家里，这和服装、食品、家电没什么区别，理论上是可行的。但问题出来了，极少顾客会直接在他的网上购买，除非他们在当地的穗宝实体店面体验过。穗宝的一位渠道经理说得好："顾客买床垫，一定要先躺一躺的。"这"躺一躺"道出了家居建材产品的一个本质特性，就是切身的体验。事实上，床垫已经是行业内相对于其他产品在标准化、成品化方面较为成熟的产业了，然而在营销上始终无法脱离实体体验的过程。"躺一躺"这一实际体验是网络信息里面的产品指标和图片信息无法替代的。由此，穗宝床垫的线上网络营销成为一种交易方式，而营销的决定环节还是在线下实体店。

行业内面临和穗宝床垫相同境遇企业比比皆是，如门窗、家具、地板、瓷砖等，消费者未看到实物之前是极少下订单的，建材家居行业产品的现实体验性决定了该行业和互联网之间会保持一定的距离。

行业成熟度。前文说过，家居建材行业的成熟度远未达到理想水平，央视3·15晚会上对本行业产品的投诉十几年来一直居高不下。在信奉眼见为实的国人面前，在实体店购买还处处设防的消费者面前，笔者不认为仅仅通过网络信息可以使消费者放心。笔者一直有一个观点：

互联网经济一定是首先在基础良好、成熟完善的行业实现的，且这个行业的成熟也一定是经过了多年发展以后并与市场和消费者之间形成了良好、稳定、互信的关系，继而升华到网络交易以降低彼此的交易成本，形成双赢的买卖关系。遗憾，我们还未达到这个境界。

渠道流通模式。基于历史和现实的原因，家居建材行业的企业均拥有各自庞大的渠道分销体系，进而这些大大小小、形形色色的经销商形成了一个强大的共同利益集团。这个集团基本上控制了大部分分销渠道，这是各个企业必须面对的实际情况。

鉴于中国市场的广阔和各地市场的差异性，以及还处于发展中弱势阶段的生产厂商，几乎没有商家能仅凭着一己之力依靠直营的方式独立运作广大且复杂的中国市场。这种以区域经销商为主题的渠道分销模式在中国还会长期存在，这种存在具有基于现实的合理性。

当互联网逐渐壮大起来，生产厂商们似乎看到了一条直接通往市场和消费者的F2C形式的通路，并寄期望通过它来直接把控被经销商垄断的市场，并降低巨大的渠道流通成本。经过几番博弈以后，双方达成平手，某种程度上可以说生产厂商们失败了。因为他们的目标没有达成，长期深深扎根市场的经销商体系不是仅仅依靠互联网的虚拟通路就可以撼动的。关于电商渠道和实体经销商的纠葛，后文还会详细论述。

■ 三、"互联网+"还是"+互联网"

"互联网+"是2013—2015年最流行的商业概念之一，似乎这个"万能钥匙"可以打开任何一个行业的"营销之锁"，进而形成创新的营销模式。如果哪个企业不去在营销中引入这个概念就落伍了、跟不上时代了。在经过众多"先行者"头破血流的教训以后，这个概念正在渐渐地受到质疑。其实这个概念一开始就是个伪命题。

"互联网+"的实质是以互联网为中心去"+"任何一个实体行业,这样自然就会形成一个围绕互联网的商业体系(图5-1),即整体体系和任何周边的实体行业均需要遵循中心的规律和规则去运转,而周边实体行业自身的规律被大大边缘化了。这种边缘化会使得行业企业不同程度上背离自己行业的特质越走越远,甚至被互联网绑架而不能自拔,家居建材行业内的各个装修门户网站和供应商的关系就是这个模式。互联网不是也不应该是"万能钥匙",它打不开所有行业的锁,特别是家居建材这个和其他快消品、服装、化妆品等有着本质上不同规律的行业。

这不等于说引入互联网营销是错误的,只是如何引入的问题,让我们将其小小变形成为"+互联网"(图5-2)情形就会改变。这个模式却和图5-1有着根本的不同:

1)以行业为核心,并遵循各个行业本质的规律。

2)不放弃实体营销渠道,互联网只是其中一个通路而已。

3)互联网营销只做它能做的事情,不能包揽一切。

4)互联网渠道和其他任何一个渠道都可以形成O2O的模式,实现乘法效应。

5)经过实践以后,如果证明了互联网营销的不适用性,可以随时割舍,不至于对企业造成致命伤害。

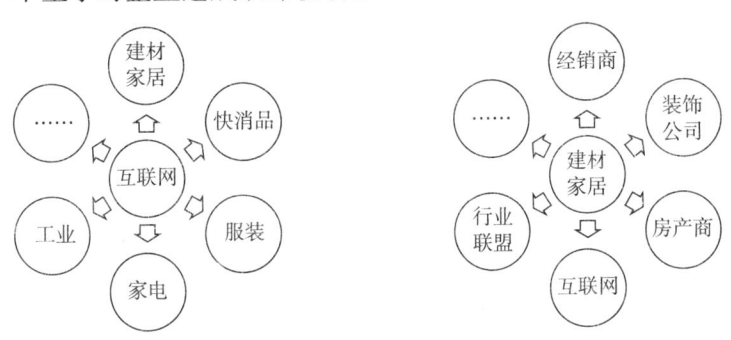

图5-1 围绕互联网的商业体系

图5-2 家居建材+互联网模式

模型很简单，但是思维的改变却不容易，也许读者认为笔者的观点过于保守、固执。但是笔者建议一点：人的性格和需求不改变，任何满足人需求的行业规律就不会改变，又何苦自己充当"小白鼠"去挑战一些有着本质规律的事物呢？中国人有一句格言叫作"逆取顺守"，当我们的行业企业已经有着稳定的营销渠道的时候，不必要"硬来"去"逆取"一些东西，"顺势而为"才是王道。

第二节 经销商的愤怒

在本章的第一节，提及了经销商和电商在市场渠道争夺上的冲突。这种冲突随着互联网的进一步发展越演越烈，以至于有可能演变成为你死我活的斗争。无论是在 B2B 分销渠道层面或者 B2C 消费者购买层面，都不能被任何商家忽视，弄不好这种内耗会造成"鸡飞蛋打"的局面。如何让创新的电商营销模式和传统的实体经销商渠道和谐共存，给行业的各个企业提出了不小的挑战。

一、圣象：电商的退场

圣象地板作为地板行业的领导者无人不晓，经过 20 多年的艰苦创业，拥有了覆盖全国几百家经销商和超过 2000 个的专卖店。为了顺应互联网营销的大潮，其成立了自营的网销部门，包括独立的电商网站和电话客服，期望能够建立总公司和消费者的直接联系，并将地板产品直销到购买者家庭。

问题产生了，作为生产后还处于半成品状态的木地板，后面接续的运输、安装、售后、维修等事宜由谁来做呢？最直接的当然还是各地经销商。虽然圣象总公司为此推出了适当的补偿政策，"诸侯"们还是阳奉阴违，结果网络直销的客诉不断。因为经销商的售后服务乏力，电商部门在穷于应付售后的情况下销量也徘徊低迷，导致该部门被裁撤，圣象地板的网销业务也因此黯然退场。

究其原因，表面上看似乎是经销商们私心作祟下的掣肘，而深层面却是圣象在推出电商渠道之前就没有将商业模式和运作方式思考清楚。

（1）利益的失衡。圣象地板多年打造的、覆盖全国的经销商和专卖店系统被公认是其核心资产，并一直被同行们垂涎三尺。这个系统历史悠久、模式成熟且规模强大，各地的经销商们有着丰富的渠道运作经验和高瞻远瞩的视野，他们是不会被眼前的一点蝇头小利所驱使的。

新的网销渠道的推出，一个被大家认同的、科学严谨的利益分配方案是必需的。很明显圣象在这方面的工作并不充分，这等于严重地触动了各地经销商的利益，他们阳奉阴违的抵制也是顺理成章的。虽然电商部门会对各地经销商通过订单操作的方式给予一定的补偿，可是各位很清楚这种从他的地盘拿走客户和订单的网销从长远上来看等于对他们的核心利益进行了釜底抽薪。

另外，圣象的电商网销部门有着销售任务的压力，在操作层面一定会与当地经销商形成争夺订单和客户的局面，进而可能会将既有的矛盾激化，经销商的激烈反弹是必然的。刚刚成立的年轻的电商部门在和实力雄厚、数量众多的各地经销商博弈中是不可能取胜的，结局从开始已经注定。

2017年是共享单车元年，一时间"忽如一夜春风来，千树万树梨花开"，这种基于移动互联网的"最后一公里"解决方案理论上无可挑剔，虽然是民营企业，但在运营效率和费用模式上甚至大大超过了欧美国家多年以官方为主导的类似模式。遗憾的是：正确的未必是可行的，共享单车被损毁、占有、扣押等各种信息充斥了各大媒体的版面，愈演愈烈。

一个被公认的、社会和商家共赢的模式为什么遇到了如此的尴尬呢？我们不谈短期内也无法改变的国民性问题，仅仅从商家的角度看。共享单车在其商业模式推出的初始就对其会影响的既有利益群体的损害估计不足，而这个群体又是盘根错节、纷繁复杂的，如出租车、摩的、停车场、存车处、政府职能部门及其外包的服务公司、交警、占道小贩等。面对数量巨大的干系人群体，共享单车就显得计划准备不足和缺乏风险应对方案了。在和既有的利益群体的博弈中，孰胜孰负，看谁能坚持下去了。

（2）悖论下的O2O。木地板产品，工厂生产的不过是一包包的地板，距离消费者认为的地面上平面的地板还有很大的距离，事实上连部件都算不上，仅仅是零件而已。这就需要各地经销商完成一次再加工的过程，才能将木地板真正变成顾客想要的和需要的模样，这种产品形式最终决定了木地板的营销和安装是离不开线下支撑的。

圣象网购的O2O模式设计，一开始就是线上销售，线下体验和施工，对广大经销商来讲也就是：订单归你，活我来干，这种设计本身就是悖论。如前文论述的，厂商和经销商存在着"三流关系"，即商流、物流、财流。网销的模式事实上是将商流和财流拿走了，留下的是吃力不讨好的运输、库存、安装、客诉、维修等事情。这不仅仅是一点服务费的补偿就可以解决的事情，它动摇了厂商和经销商"三足支撑"的合作基础，这种O2O的模式一开始就是不公平和不合理的。

（3）营销体验。木地板、瓷砖、涂料等"平面效果"的家居建材产品在营销上有一个共同的特点：小面积的样板是无法展示产品全貌的，所以它们都不惜成本在店面大面积展示其产品效果，以便顾客可以直观地看到其成品的模样，继而激发购买欲望。这就是线下店面的最大优势之一,网络营销在目前的技术手段下是无法实现的。即使你采用了什么最新的 VR 三维技术,消费者也未必相信。

仅仅就木地板产品而言,其实体的真实颜色、立体木纹、木材质感纹理、木材触摸感、整体光感都是网络图片无法实现的,也就是说实体店面的现场展示效果是"网店"无法比拟的,顾客的购买欲望在网店上也会大大降低。我们先不谈及销售员现场给顾客带来的服务体验,仅仅从产品自身的全面展示形成的消费者购买体验也是网销实现不了的。

以上三点并不全面,但已经足够可以勾勒出圣象电商的问题核心。这告诉我们从事电商不错,但是一定不要背离自己的行业规律,情商行业规律会伤寒企业自身。

■ 二、KX 壁纸:走出天猫

在 2009—2012 年的辉煌期,壁纸产业每平方米的售价甚至超过木地板和瓷砖。请注意,这可是一张纸的价格,超过了真材实料的其他装饰材料。它的利润就更加可观了,曾经有一个比喻:生产壁纸的设备等于印钞机,因为将 100 张十元的人民币平铺起来,其 1000 元的总面值也未必能超过一些高端壁纸一平方米的价格。这种水平在整个家居建材行业内是不多见的。

KX 壁纸是壁纸行业的著名品牌,也正是乘着这股东风其仅仅用了两年时间就在全国建立了超过数百个经销商、600 家专卖店的分销渠道网络,年营业额最高峰时达到 3 亿元。俗话说物极必反,情况在 2013 年开始急转直下。大量新竞争品牌纷纷入市后的市场挤压;外资高端品牌的强势进入;市场价格的急速下降;消费者对产品的更高要求等造成 KX 壁纸的营业额在后面两年内急速萎缩 75%,生产开工严重不足。更加艰难的却是该品牌旗下的经销商们销量下滑、竞争激烈等,促使经销商们不得不去寻找新的销售渠道。有的悄悄在品牌专卖店引入其他品牌的产品以扩大产品组合和分散风险，有的则想到了网络销售。

壁纸产品和木地板、瓷砖不同，它具有运输便捷、涂装简便、花色的辨别用电脑可以完成的特点，因此其产品流通对线下的依赖度相对较小，对线上销售的适合度更高。一些有想法的经销商开始在网上开了淘宝店，以扩大客源。因为网络销售是没有地域限制的，开网店的经销商们通过网络纷纷突破了各自的销售地域划分，快递又可以让壁纸产品轻松到达客户手中，结果KX辛辛苦苦建立的分销渠道系统被搞得天翻地覆。各地关于窜货争夺客源的投诉犹如雪片一样纷至沓来，让KX总部应接不暇。在对渠道进行救火的同时，KX也不得不将开设天猫旗舰店的工作暂时搁置，因为他们首先要去解决淘宝里面形形色色的"伪KX壁纸店"，况且他们也不想再去雪上加霜，让各地经销商将投诉的矛头转向总部。

壁纸作为行业少有的比较适合网销的产品，也未能成功"触网"，这里面既有厂商在电商营销方面的思维和工作滞后的问题，同时更深层次的是未能找到一条适合自己的电商模式。一些人的既有思维是一提到电商，第一时间想到的就是天猫，对其是否适合自己的产品和分销模式考虑不周。

■ 三、最后一公里的斗争

实体经销商渠道系统，经过多年的实际运作已经非常成熟稳定。它不仅是一个分销系统，更重要的是它很好地解决了家居建材商品从工厂到消费者的流通问题，并在商流、物流、财流三个层面均表现优良。一旦厂商计划建立自己的电商渠道，就会立刻面临两个重要的挑战：一是如何解决与既有的线下渠道匹配的问题；二是电商仅是增加了一条新的

"商流"渠道，剩下的"物流""财流"该如何操作。

出于成本和效率的考虑，产品商家很自然地就会想到利用现有的渠道网络，由经销商来解决那"最后一公里"的产品体验、安装售后等问题。即使通过精心的利益分配设计可以实现和经销商共享网上订单的收益，也会让经销商认为厂家正在"从他们的碗里分肉"，因为电商等于打破了彼此签订的区域独家代理模式，经销商们不可能没有现实的危机感。线上卖货、线下服务形成的矛盾很难完美调和，也是这个模式的"死穴"。

既然厂商看到了电商的机会，我们有理由相信那些有实力、有远见的经销商们不会视而不见，更何况他们手中还握有"最后一公里"的优势。他们对发展自己电商渠道的兴趣不会比品牌商家少，即使在厂商和经销商的合作协议中规定了对电商的限制条款，如果他真的想做的话，也能找到"转进"的方式，拦是拦不住的。这又给商家企业增加了一个挑战。

可见，家居建材企业在电商模式的操作上，渠道经销商的态度举足轻重。它既是电商模式正确、完备与否的"试金石"，也客观上决定了电商渠道发展的成败。成功则双赢，败则双输，甚至有可能在线上"鸡飞蛋打"，线下"自废武功"，绝对不可小看"经销商之怒"。

第三节 触网，需要一点门道

家居建材企业应该如何"触网"，业界也还摸索探寻中，各种模式层出不穷，但也各有缺陷，远未成势。经过几年的努力和试水，我们似乎已经知道"不该怎样做"了，但是"应该如何做"却还是很模糊。下面笔者尝试着提出几个不成熟的建议，供大家参考指正。

一、明白自己身在何处

1. 模式

不会有也不应该有一个通用的模式,这是由家居建材行业产品和业态的复杂性、多样性决定的。家居建材行业,看似是一个行业,但实际是一个复杂、参差不齐的产业综合体:

1)涵盖了木业、陶瓷、电器、通讯等很多产业门类。

2)内部包含了几千个细分行业,每个细分行业又有自己独特的规律。

3)营销流通方面,企业、细分行业的模式也各不相同。

4)每个细分行业的发展阶段不同,企业的成熟度也千差万别。

所以,企业在引入电商模式之前一定要将"自己身在何处"判断清楚,明确自己的起点之后再去决定电商的推进方向、前进速度和工作节奏。如前面案例中的圣象地板的节奏就过快,KX壁纸就稍许慢了些。

2. 产品

前面的很多案例说明了不同产品对电商的依赖度、匹配度是不同的,这需要对自己的产品特性、应用群体、产业规律、外部环境进行透彻的分析,进而找到最适合自己产品的营销模式。如经营涂油漆料的厂家,在寻找到易燃易爆产品的邮递运输服务商之前,是无法开展网购的;瓷砖、地板、油漆、橱柜、门窗等无法脱离线下的安装和再加工服务;灯具、家电、家具等类成品的产品对电商的适用性就比较好。

3. 流通

家居建材产品在到达最终客户端之前,需要经历一个由工厂到市场的渠道流通过程。在目前行业的流通模式下，这不仅仅是一个F2C（Factory To Client）简单的过程，在F和C之间存在着B1、B2，直至Bn的多样、复杂的渠道环节，即现有的线下渠道体系批发商、经销商、总代、区域代理、零售商、装饰公司、采购商等。

这个分销群体的作用除了实现商品的商流（营销）以外，还有一个更加复杂、重要的作用，就是产品的物流（流通）。在行业企业尚不能建立自己独立的物流供应系统之前，他们对线下流通的依赖性是非常大的。这还不包含渠道经销商对于部分初级产品的再加工职能，如将型材加工成门窗，将板材五金组装成橱柜，将管材加工成管道等。

总而言之，基于装饰装修目前的工程项目属性，家居建材产品在物流、二次加工等方面短时间内是无法脱离线下实体渠道的辅助的，也就注定了电商在本行业相对于其他如快消品、食品、服装、家电等的适用性是有一定局限性的。

劝告大家：在引入电子商务之前，一定要透彻地理解家居建材行业的规律和自己经营的产品的本质属性，适度、适时、适可而止地引入电商。步步为营平衡电商模式和行业规律的关系，才是立足之本。如果您不相信，可以回顾一下最近十年电商的起伏和变幻，就可以明白。

■ 二、锦上添花还是雪中送炭

电商对于我们的营销究竟意味着什么，是锦上添花还是雪中送炭？也就是我们对电商的价值判断。要想电商的开展能够对我们的整体业务实现收益最大化，就需要在开始之前就对整体情势有清晰的判断，并能够相应地制订完善的策略，决不可用拍脑袋的方式来进行决策和实施。

在电子商务行业有一个重要法则——先做后想，意思就是当发现一个不错的新电商模式时，如果总体上没有大的缺陷和原则问题就马上开始实施，然后在实施中不断对方案和计划进行修订和完善。这样做的主要目的是为了"快"，因为电商行业一个显著的特点就是竞争异常激烈，形势变化迅速，"抢占先机"就成了决定企业生死存亡的关键。先机的优势，是最大的优势，也是多少后发优势很难替代的，滴滴打车、摩拜单车、阿里巴巴等企业的商业模式就是最好的范例。

你认为这个"先做后想"的法则怎样呢？笔者认为有些似是而非，因为百度不是国内第一家搜索引擎，QQ也不是第一家做聊天工具的，但都是后发制人成功的。在大多数的家居建材企业都已经拥有成熟的线下营销渠道的情况下，"先做后想"的法则是绝对不适用的，这样会后患无穷。我们的主业是家居建材，不是电商，还是需要将一些事情想清楚再去做才好。

为什么要做电商？先要确定引入电商的目标，是锦上添花还是雪中送炭，即是想通过电商获得额外的营销渠道，还是期望用它一招制敌，提升现有萎靡不振的销售额？事实上很多企业管理者在考虑电商的时候都不是将这二者作为第一出发点的，因为根据线下营销的经验会很容易导出一个最直接的理由：营销成本低、效率高。遗憾的是，经过实践之后才发现当下网络电商的推广和交易成本已经不低于线下了。

从本质上来看，目前国内大多数的电商模式与线下实体营销渠道的区别不大，只是将平台搬到了网上而已，所以在传统线下营销需要考虑的问题，到了线上也需要考虑。按照SMART目标管理原则，我们需要回答以下问题来明确目标：①做电商是为了宣传推广还是为了卖货？②是为了节省成本还是提升销售额？目标额是多少？③想做到什么广度和深度？④想做多久？⑤可行性在哪里？不要试图面面俱到地实现好几个目标，一定要划分优先次序，找到最大的目标需求，才能确定何种形式的电商是最佳的。

做哪种电商？百度推广、天猫旗舰店、自营网站、移动微商、同业网络联盟等模式都可以选择使用，这要看哪一种更加适合您。很多企业一开始就瞄准了天猫和淘宝店，因为简单直接、省钱省事，事实证明这种决策过于鲁莽粗糙，效果不理想且对线下渠道造成很难挽回的损害，前面已经列举过很多案例了。

公共电商渠道，如天猫、家居建材营销网络联盟等，经过多年的投入其布局已经基本完成，已经进入了"收庄稼"的阶段。该渠道的营销成本优势已经不复存在，仅仅在宣传推广层面，请计算一下淘宝和百度的竞价排名费用就可以一目了然。如果企业建立自营的电商平台，其运营、推广和时间成本也非常可观，且严重依靠企业的资金和商务运营能力。

任何一种电商模式均有其优势和劣势，本身无对无错。作为企业则需要制定一个因地制宜的评估标准才能保证选择的正确性：①在宣传推广和销售上谁的增值效果最好？②哪种模式与线下渠道的契合度最高？③哪种模式适合建材家居的商品和业态特征？④哪种模式最符合本行业的商业周期？⑤哪种模式的风险和推出成本最低？这些都是我们选择电商模式的评判标准，具体要看您分析评估以后的结论了。

怎样实施电商？当选择了一个最佳的途径和模式后，就要考虑如何做的问题了。这个工作既简单又复杂，因为当一家 IT 公司作为供应商被需求企业选定之后自然会提出一整套的实施方案和建议。也正因为如此，作为购买方的企业更加要在一些关键性的工作上有着明确的认识和决策权，避免以后被供应商牵着鼻子走，或者陷入技术性、事务性的工作而迷失方向。

笔者在这里就商务、技术、管理三个层面提出几个建议：

1）商务和技术，紧贴核心目标。企业开展电商的目的是宣传或者卖货，抑或兼而有之。当实施电商工作以后，随着工作的逐渐开展和细化，工作细节和技术层面的事物是一个危险的陷阱，很容易让我们纠结于一些细枝末节而不能自拔，反而忘记了本项目的初衷，如对于自营网站的结构、百度推广的细微名次差异、采用何种技术手段等。请切记一个原则：够用就好。因为我们的角度和IT技术人员是不同的，过分专业的事物不一定是我们需要的。与此相反，有一些事情却必须被不厌其烦地追究。

笔者在企业工作的时候曾经数次与IT供应商合作实施电商项目，在某个企业项目的推进中，网站框架和核心内容的搭建和补充一个月就完成了，然而在网站主页的设计细节上却足足花费了三个月的时间。这三个月我们主要的工作是：网站文字的字体、字号、字间距、颜色等调整；图片和文案的不断调整更换；页面设计的细化（哪怕是页面的布局、四边留空的选择、图标的斟酌）等。这些工作基本上等同于一个商品宣传册的设计，与媒介的形式无关。结果IT供应商被我们搞得不胜其烦，因为我们的每次改动也许就是一个字号、一个图片、一个字间距，我们因此差一点中断合作，然而这些工作是值得的和必需的。

不同的企业意味着产品和消费者的不同，意味着其网站的展示方式、阅读者的习惯、商务的展现形式均不同。这些商务细节虽不被专业的IT供应商关注，却需要被采购企业关注，才能体现商务而不是技术特征。笔者有一个习惯，就是浏览一个网站的时候会按照阅读一本书的方式浏览，才不会去关注它的技术含量。有一些企业的官方主页是一段冗长的宣传片，笔者则会直接跳过去看那些实质内容。

2）供应商合作。请永远牢记：任何的网络IT公司，哪怕已经成为企业的供应商，他们看待同样问题的角度和行业企业是不同的。这是合理和自然的，互补性才是合作的道理，不然就没有必要合作。另外在商言商，一旦电商工作深入以后，企业很大程度上会被供应商左右而丧失自己的立场，最后不得不调整自己的目标和计划去适应所谓专业技术的需要，如 IT 网络公司总是会拿出一些所谓大数据的报告来证明其正确性，请不要立刻相信它，因为你自己比他更加了解行业的现状和规律，所谓的大数据未必一定可信，也许只是他们获得理由的一个手段而已。

在传统营销上，我们遵从一个法则：一份付出就会有一份收获。很多管理者也以此去激励下属。从数学理论上这是一个简单的函数关系，即我们给出一个输入就一定会有一个输出。然而电商行业的计算公式却不是这样的，很有可能我们输入了一个很大的数字，经过一个公式计算以后答案却是"零"，直至突破那个所谓的"爆发点"。我们的资金投入未必一定有效果，未必现在有效果，未必以后就没有效果，然而每个阶段付给供应商的费用却是真金白银。在项目开始的时候就与供应商约定好投入和产出的阶段和数量，才能保证大家不会不欢而散。笔者看到企业和 IT 公司怒目相向的事例太多了：企业认为花了这么多钱，却一分收获没有；IT 公司认为干了这么多活，费用却没有到位，进而甩手不干了，最后整个项目形成一个"烂尾"。自私一点，笔者偏向企业提出一个建议：自己的事情自己做，千万不要被 IT 公司绑架。

3）管理和沟通。在实施的过程中，最容易发生的问题是拖延和失控，按照项目管理的原则，电商项目在开始初期就一定要就项目的进程和风险控制有一个良好的规划。按照前面的论述，电商项目容易发生费用和时间进度上的失控，有时候需要多一点耐心，避免功亏一篑；而有时候就需要当机立断，防止费用和时间无节制的投入，这一点从事过电商开发工作的人士都会明白。

还有一个层面就是干系人的沟通，包含管理层、相关部门和 IT 供应商，需要建立长效的沟通和会议机制，避免因为信息不对称造成不必要的内耗和决策的失误。笔者见过最多的沟通问题发生在管理层、供应商的对接上，与管理层的沟通不及时，使得他们看不到项目的进展和前景而砍掉项目；与供应商的沟通障碍造成项目拖延和方向错误。要想避免这些问题，建议相关人士可以引入"国际项目管理PMP"的方法论，会在项目目标、进度、成本、质量等方面做到良好的控制。

■ 三、体验才是王道

购买体验是电商在家居建材产品营销上无法逾越一座高山。装修是家庭、酒店、餐饮、公共场所等需求方在房产以外最大的一笔支出，且具有多样性、复杂性和高风险性，这就注定了客户对家居建材产品需要切实、真实、务实的信息把握。实际体验在售前环节就变得特别重要了，这就是为什么即使是网购，消费者也需要去卖家的实体店看一下才会最后决定购买的原因。

曾经有很多企业做了大量工作试图通过网络虚拟体验来替代实景体验，却收效不大，如利用实景应用软件、精细的图片和翔实文字信息在网站上推介产品，但依然挡不住顾客去店面看实物的欲望，最后还是停留在了产品宣传手段而无法直接形成销售订单。

在近2~3年，VR技术的发展又给网购实景体验带来了一缕新的曙光。经过调研以后，笔者发现前景远没有预计的这么乐观，VR技术的瓶颈、成本及家居建材行业特有的信任度问题都会对此形成障碍，真正广泛应用还遥遥无期。顾客的购买体验、厂商的体验营销这两个行业营销的本质特征将会长期存在，目前还看不到网络虚拟手段能够将此替代的迹象。衡量一下人类现在的技术手段，笔者坚信实景体验在很长一个阶段内是无法被取代的，甚至可能永远无法被取代。这是由人类本身的生理和心理特点在客观上一开始就被决定的，不以主观的意识为转移。

具体来分析有如下理由：

1) 信息量巨大。当人们处于一个实际场景的时候，所有感官都在接收信息，包括视觉、嗅觉、触觉、听觉。通过这些途径接收到的信息也在互相影响，形成一个多维的、全方位的感受。且不论目前人们的科技水平是否能够虚拟所有这些感知途径，即使是这些信息量所需要的"带宽"，目前的网络水平也无法达到。

2）场景互动。在接收到五官输送的信息以后，人们的大脑会进行信息处理，并不间断地通过产品本身和销售员的介绍修正和加深自己的理解，进而形成与场景的互动，效率奇高，这也是虚拟环境做不到的。

3）感觉氛围。人类是否有第六感我们且不去探讨，但确实一个场景展示出的所有信息经过人们大脑处理以后会形成一种很难说清的氛围感知，而这个感知就是客户决策的决定性因素。目前的技术还无法虚拟出人们的真实感知，也许当他们知道这是虚拟环境以后，就已经无法形成能够说服自己的感觉了。

因此，奉劝家居建材行业的从业者们，要像对待自己的眼睛一样爱惜自己的实体店面，它的作用是电商无法实现的，从人性的角度看也不应该被替代。我们有时认为实体店面的效能不理想，不是店面本身有错，而是在行业水平不高环境下的粗放经营造成的，这需要的是改善和提高而不是被淘汰，而且以店面为核心的背后的营销团队、渠道流通、市场运作等也不是电商能够做到的。

切记：人和实体无法被替代，因为我们服务的客户也是实实在在的人。

四、这个话题该结束了

从笔者酝酿本书到写作到此，差不多经过了一年以上的时间。在这一年里，IT和电商行业发生了翻天覆地变化："淘宝之父"马云去做他的O2O"新零售"了，喧嚣一时的微商在口碑低下的情况下似乎已经偃旗息鼓，滴滴打车被人们口诛笔伐，齐家网的模式也在苦苦支撑，曾经被公众广泛认同的共享单车也出现了对外部环境的不适……就像前文中说过的电商"变脸"的速度有时是人们无法预计的，实体行业跟不上，毕竟彼此的行业规律不同，还是保持一定距离才好。

按照原来的思路，这一部分应该讨论移动终端下的电商问题，主要是微商，经过思考再三还是放弃了。这一年来微商环境发生了巨大的变化，这一模式的水平在急速下滑，作为主要推广途径的朋友圈尤其是重灾区，里面的强迫广告、杀熟、诈骗等不正常的商务行为泛滥成灾，还有一些滑向了传销的边缘，造成大众对微商口诛笔伐，甚至传出了关闭微信朋友圈的呼声。

最后笔者还是决定放弃讨论这个课题了，既然当下电商的大环境和家居建材的行业特性都还不具备两者完美结合的条件，强扭的瓜不甜，先不要妄下断言，再等一等、看一看未尝不是更好的选择。

建材家居营销：除了促销还能做什么

第六章
产业链：从产品营销到全流通

第一节　两大理论的碰撞

在前面我们提过家居建材行业的经营理念上一直存在着两大派别，一是企业形成规模效应，打通上下游产业链，用行业产业影响市场，带动营销；二是渠道营销为王，紧贴市场，企业实现轻资产，通过高效的采购、供应和营销管理占领市场。前面我们对此两个理念孰对孰错仅从营销的角度进行了分析，且并没有一个定论，这里我们再从流通角度分析一下。

■ 一、规模效应，打通产业链

木业包含家具、木地板、木门、护墙板、楼梯等很多的细分行业，在整体家居建材行业属于比较特殊的产业。原因众所周知，就是它的原材料木材与森林和环保的微妙关系，任何一个环保政策的推出都可能将其整个业态彻底改变，所以在业内形成了一种理念——谁掌握了原材料，谁就掌握了市场。因此，对木产业链的把控就成为一种共识：将木材的种植、加工、产品生产、物流供应、产品营销进行整合形成一个完整的产业链,是企业的经营关键。

AX地板是木地板行业的领跑者之一,被人津津乐道的是它在巴西拥有自有的林地,因而可以保证木地板产品中被广泛使用的南美材的供应。植根于良好的产品供应,它打出了"老百姓用得起的地板","因为珍贵,所以尊贵"的口号,可谓豪气冲天,因为这是其相对于其他竞品最大的优势。

然而一次意外将形势改变了,它为房地产企业提供的实木复合地板被央视3·15晚会曝出有木材厚度不足、环保级别不够、粗制滥造等问题,几乎对其形成了毁灭性的打击。实话实说,从行业内部来讲,它的这些问题本不是什么大事,因为其他企业也在做同样的事情。然而AX地板基于木材供应的自信而一直宣扬的真材实料被此事件彻底颠覆,既往的优势荡然无存。

伴随该事件,AX地板在市场营销上的不足也暴露无遗:消费者的不信任、经销商的人心涣散、营销团队的离心离德,很多问题相继爆发。该企业的管理层不得不直面这些问题,进行二次创业并对企业营销和渠道系统进行彻底改造,经过多年的努力才勉强稳住阵脚。

AX地板一直占据着原材料供应的制高点,进而突破产业的原始瓶颈,利用规模效应,将物美价廉的木地板送入每个家庭。然而花无千日好,毕竟木材原材料不是取之不尽的,过往原材料的数量和价格优势加之简单的营销模式最后也走到了尽头,再去调整模式重心需要长期艰苦的努力。看来这种模式还是有其先天的局限性。

■ 二、轻资产,营销为王

这种经营方式与上一个重资产的迷失相反,持其观点的人士认为,在目前家居建材行业市场化程度较高且产能过剩的环境下，把握市场、渠道、品牌、终端等营销元素才是企业的正确方向，只要控制好采购供应链，就可以实现稳定的营销，根本不需要投巨资去开设工厂，轻资产、重营销是本行业企业最佳的经营模式。

本文中我们曾经多次提及的"卫浴代工之王"——海鸥卫浴，因为长期以 OEM 和生产为重心，其市场营销和品牌知名度一直不太理想，无法实现与产品实力相等的市场地位和品牌溢价。在数次寻求营销突破不成功以后，整体家居风潮带来的集成卫浴的模式又为其提供一次新的机遇。

以"集成卫浴"的定位为突破口，他们适时推出了"海鸥集成卫浴"的产品和营销模式，并为此做出了大刀阔斧的改变：

1) 与德国贝朗卫浴和齐家网联合投资，利用其先进的设计、品牌、营销、电商等实力在营销上发力。

2) 发挥自己的生产优势，推出卫浴集成墙板产品（在日本常见的卫生间里面的"塑料墙板"）作为整体卫浴的依托。

3) 利用自身长期 OEM 加工的优势，为集成卫浴产品提供稳定的零部件产品供应，如马桶、浴缸、龙头、花洒等。

4) 成立另一家营销公司并打造一个新的品牌独立经营集成卫浴产品。

5) 与专业的营销咨询公司合作为期出谋划策，保驾护航。

一切似乎顺理成章，成功在即。然而几个在开始未曾预料的问题使其脚步不得不放慢，甚至停了下来。

1) 行业细分。卫浴行业内的人士都明白，作为看似一体的卫浴产品，事实上被划分为陶瓷和五金两种细分产品。不同的卫浴品牌均有各自的强项，如摩恩擅长水龙头等五金，虽然它也有马桶等陶瓷产品；乐家卫浴擅长陶瓷，虽然它也有五金龙头，对于非核心的产品，它们都会通过OEM来实现供应。海鸥卫浴的核心产品就是五金，而不是陶瓷，这也决定了其在陶瓷产品上还需要再次OEM的模式，供应链更长了。

2）产品整合。海鸥整体卫浴的产品设计思路是以集成卫浴墙板为核心和平台，将其他所有的卫浴产品整合在一起，形成整体的卫浴解决方案，当然这些都需要是在海鸥旗下的产品。问题出现了：①市场层面：因为海鸥产品在市场上的先天弱势，如何解决消费者的定制化需求，即如果我想买我喜欢的但是你的竞争对手品牌的浴缸，你能接受吗？和整体卫浴形成了一个悖论。②供应层面：在这一层面问题更加严重，看似面积不大，产品不多的一个卫生间，却集成了很多的产品，如五金、陶瓷、电器、瓷砖、防水、吊顶、家具、门业、采暖等。海鸥卫浴是以五金为核心产品的企业，无论是在内部产品还是外购产品上均表现出了定制化整合的乏力，消费者对"集成卫浴"的概念也并不感冒。

3）品牌塑造。利用一个新的品牌脱离原有旧品牌羁绊的思路是正确的，但是面对市场缝隙不存，竞争异常残酷的卫浴行业，打造一个新的品牌谈何容易，更何况又是一个消费者不甚了解的集成卫浴的产品？在营销的突围上困难重重，而且市场上推出类似概念的也不止海鸥一家。

海鸥以品牌营销和商业模式为核心另辟蹊径，是生产型企业转型的典范，具有行业的引导和借鉴作用。海鸥卫浴出身于生产型企业，也就对产品供应信心满满并将主要精力和资源放到的营销上，但其问题的本质还属于营销型企业对产品供应重要性的认识不足。更加严重的是其引入了"整体卫浴"这一严重依赖产品供应和整合能力的商业模式，因为"轻敌"造成优势不再，劣势效应加倍。应该说营销型企业有一个通病，就是将采购和供应看得过于简单，以为自己花钱买东西就无所不能，而事实上生产、采购、加工、整合等目标并没有什么本质的不同，就是为营销提供适销的产品。

三、碰撞出的火花

产业链至上和营销为王这两种理论的争论还在继续，也还会再继续，要想判定孰是孰非是困难的，有时候也没有必要，就像一个硬币的两面。

生产和营销均是在资源和需求之间的中间环节，本质没什么不同。这就像一个跷跷板，一边是资源，另一边是市场需求，中间的支点是生产和营销。在此模型下，我们就可以将生产和营销统一为一个共同的概念——流通，这才是目前环境下商业经济的本质。

流通不是什么新鲜的概念，理论上的标准定义为：**以货币作为交换媒介的商品交换，包括商品买卖行为以及相互联系、相互交错的各个商品形态变化所形成的循环的总体，还包括在商品流通领域中继续进行的生产过程，如商品的运输、检验、分类、包装、储存、保管等**。看来"流通"这一概念不是笔者个人什么新的创举，而是已经被先贤们早就阐明了，只是被我们忘记了。

我们在这里"炒冷饭"的目的在于提醒大家千万不要将"营销"和"产业"对立起来，站在市场需求和资源供应的角度本无不同，**如何在"资源"和"需求"之间打造一个顺畅、增值、高效的"流通链"才是企业的营销使命**。

第二节 实体产业的思维误区

最近一段时间，"实体经济"和"供给侧"的说法很流行，也是对以马云为首的虚拟经济的挑战。有人说，淘宝、天猫、外卖等另类的"流通"途径造成"百业凋零"、实体店面倒闭、工人失业等问题。电商的"罪状",不外乎就是在产品和需求之间建立了在传统店面模式以外的另一座高效、低成本的流通桥梁。事实上它并没有触动资源到产品这一生产型企业的增值内核,仅仅是在流通领域的"反作用力"压迫了生产企业的生存空间,却一直被诟病打压了实体产业。电商就像一面镜子,照射出了生产企业在制造和流通环节中存在的问题。

一、生产就是利润吗

一座工厂是利润中心还是成本中心?这可能是一句废话,因为它不参与销售,却要消耗资金在原材料、设备、人工、厂房、运输等方面,当然就是成本中心。这是稍有常识的人都明白的道理,道理是如此,但是实际操作中却不是这样。

在家居建材行业乃至其他行业有一个概念——出厂价,请注意这个"出厂价"是出厂的价格不是成本,既然有了价格也就有了营销的成分。事实也是这样,出厂价和成本之间的差额就是所谓的"工厂利润",也是生产企业普遍的做法。品牌厂商,通常会成立一家营销公司并下属若干生产工厂,产品在进入分销渠道之前,会经历一个生产成本、出厂价、供货价的二次溢价。在内部核算上,生产成本和出厂价之间的工厂利润归工厂所有,出厂价和供货价之间的差额归品牌营销公司所有,后面才是批发价、零售价、促销价等渠道中的价格系统。

将以生产为核心的工厂纳入"利润中心"会保证品牌商家的足够收益,却也在产品供应上产生了一些问题。对于品牌总公司而言,一个产品进入渠道才能真正实现供给层面的销售,不然就是库存,利润无法实现。而对于工厂而言,一个产品完成之时也就有了利润,出厂价保证了其以生产为基础的收益。问题出来了,如果笔者是工厂的厂长一定会想方设法扩大产能、提高效率、降低成本,因为成本和出厂价之间都是利润。一些有实力的厂长甚至会利用自己的人脉跳过总公司和渠道中间环节直接给某些零售商供货，反正出厂即是利润。

当一座工厂变形成为事实上的利润中心，名义上却又不承担市场销售压力以后，产能的无限制扩大就成为必然的趋势。这也直接导致消化库存成为营销部门的"主旋律"之一，而供给层面产生"消化库存"问题会严重影响企业整体的营销策略。

笔者曾参加过多个企业的月度营销例会，这种会的议题通常是上月回顾、下月计划、问题解决等营销课题。然而在此之外有一半的情况是会议快结束时，营销总监会提出现在工厂有一批库存或者等外产品，看看大家如何努力消化一下。然后就是热烈的讨论，会议前半部既定的营销策略被冲得淡而又淡，到会的营销人员只记得本月的任务是消化不良库存。

■ 二、渠道库存的"毒瘾"

被迫停产，绝对是做过工厂厂长永远的噩梦，因为由此产生的原材料和产品库存、设备的闲置、人员的工资、各项固定费用等成本一定会让厂长发疯的；库存高企，给厂长的压力却小得多，他只会抱怨一下仓库的空间不够而已。了解经济学的人士会明白这两者之间的差别不大，只要产品未能通过出厂实现其商品价值，其他都无从谈起。作为生产角色的厂长内心深处却不会这么理解，他认为产品生产出来了总不能销毁且一定会被卖掉，只要卖掉了就不会有什么损失。产品的销售是营销部门的事，而停产的各项压力却要被工厂独自承担，而造成停产的最大风险因素是库存。

按照经济学原理，市场和供给和需求存在着周期的不平衡性。因而作为相对稳定的生产企业，因为市场需求的变化造成的阶段库存无法彻底避免，进而会反作用于工厂的生产制造和原材料供应。如何平衡原料、产能和库存可能是各位厂长永远的课题。

这三者之中，生产相对稳定并容易控制，原材料在工厂和外部环境相对稳定的情况下也不难把握，而库存却是工厂和总公司最关心的问题。对于工厂和总公司而言，在最大产能基础上的任何减产都意味着成本上升、效率的下降，并需要为此付出巨额的资金损失，而导致减产的最大因素是高企的库存。

与原材料的采购和工厂固定资产相比，库存成品具有两面性。一方面是已经经过企业的各项投入和工作之后的实物形式，看得见摸得着实实在在；另一方面，如果成品不能及时变现，反而会占用企业大量的资源和资金，甚至可能变成足以压垮企业的巨大负担。为了解决此问题，如果短期内不能通过"事实销售"来消化库存，企业的目光就转向了渠道经销商，"渠道库存""渠道销售"的概念就应运而生了。

让渠道经销商们在事实销售以外承担额外的库存，以分担企业的库存风险，是家居建材行业和很多其他行业通行的做法，这样可以最大程度、最快速度地将库存变现，以支撑铁三角中原料和产能另外两个角，并保证企业的正常运转。这个方案看似不错，事实上存在着巨大的隐忧。隐忧的来源就是这个似是而非的概念——渠道库存。

顾名思义，渠道的作用就是高效的流通管道，而在这个管道之上强加上一个库存的功能，形成一个与生俱来的悖论，这就像在血管里植入了一个血栓，会严重梗阻渠道的流通循环。更有甚者，渠道库存的快速消化库存和资金回笼作用具有"成瘾性"，一旦生产企业体会到好处，则会不断尝试渠道库存的极限而不能自拔。

有一个不完全的统计，就是整个家居建材行业的生产和库存比例是1∶1，即工厂正在生产的均是渠道库存。与食品、服装等快消品行业不同，家居建材产品的"保质期"长到3~5年，因而渠道库存这个"肠梗阻"一旦被发现的时候，就已经积弊难返了，这就是家居建材行业普遍的渠道流通效率低下的根本原因。

"联销体"渠道模式的创始人娃哈哈的宗老先生，也是"渠道库存"玩得最好的专家之一，不过最近几年他的大部分时间都花在了经销商身上，因为渠道库存已经变成了他和经销商共同的噩梦。经销商愿意承担一定的非销售库存，其根本的原因是他们认为在可预期的时间阶段内可以将库存商品卖掉。当经济形势不好、市场萎靡的时候，这种预期就变得遥不可及，企业向渠道压库存的阻力就会变得越来越大。更严重的是，娃哈哈的产品属于食品类的快消品，库存周期会被产品保质期大大限制。时间就是金钱，一旦库存处理不力，库存商品很快就会由财富变成垃圾。这种库存的巨大风险促使原来与企业亲密无间的经销商站到了对立面，娃哈哈不得不为此四处救火。

三、供给侧过剩的研究

自从 2015 年开始，政府就中国经济提出了供给侧改革，也就是解决中国落后的、过剩的、重复的产能，以适应市场需求。具体到家居建材行业，存在着产能供给和库存供给两个层面的问题，相对于市场而言，渠道库存为直接供给，工厂产能为间接供给，两者之间的关系——产生过剩是因，渠道过剩是果。从表层上看，工厂通过渠道库存短期解决了自己的生产库存和资金回笼问题，但从更深层次上来看，这使得企业整体包括品牌商和经销商均背上了沉重的负担，因为这个方式单方面解决了渠道"三流"里面的财流问题，反而更加恶化物流和商流问题。实际财流问题也没有解决，只是将钱从经销商的口袋转移到厂商的口袋而已，这种厂商对经销商的釜底抽薪恶化了他们之间的合作关系，并严重弱化了渠道营销的能力。

不合理渠道库存的危害打乱了正常商流和物流：

1）物流方面：使商品在一定时间阶段内囤积在经销商的仓库里面，无法及时到达市场，不仅严重增加了渠道财务、物流负担，也因为流通的停滞，使得商品在不同程度上脱离市场。这个停滞的时间越长，与千变万化的市场需求的距离越大。

2）商流方面：因为渠道库存的间隔，工厂与市场之间的距离比起渠道库存商品更加遥远，反应更加迟钝，产品与市场脱节又会造成更多的渠道库存，恶性循环在所难免。笔者不反对保证市场供应的安全库存，但是反对以转嫁物流和财务风险为目的不合理库存，从宏观和行业的角度上，这等于增加了流通的长度和环节，降低了流通的效率，提高了流通的风险。这种"渠道冗余"的现象表面上看似是渠道问题，而深层次是生产供给侧的问题，比产能过剩对行业和企业的危害更大。

■ 四、过时的制造思维

1. 战舰重心的纷争

给大家讲一个海军的故事。在第一次世界大战之前，世界各国对于海军战舰的发展方向有一个争论，其中两派唇枪舌剑，谁也说服不了谁。

甲方：一战时期财大气粗的英国，崇尚进攻是最好的防守，所以其设计和制造的战舰火炮数量多、口径大，但是牺牲了装甲防护，因此防御力薄弱。

乙方：后起之秀的德国，因家底有限经不起损耗，所以认为军舰的生存是第一位的，最大威胁是海底而不是敌人的火炮，首先需要不被打沉才能有后续反击的能力。按照这个理论，他们的战舰火力一般但是装甲防护性能出众。

然后检验两个理论孰是孰非的一次大战爆发了。

在著名的日德兰海战中,英国虽然取得了战略性的胜利,但是他们薄皮大馅、外强中干的战舰被德国痛扁,损失惨重,仅仅依靠数量优势才勉勉强强保住了胜局;而德国舰队,就像打不死的小强,最后因为与英国舰队实力差距巨大被迫撤退,但是他们扛住了优势英国舰队的打击,并在给予对方重大杀伤后全身而退。

实践证明德国理论的正确性进而被广泛接受,战后各国海军战舰的防御力大增。机缘巧合,随着战后内燃机取代蒸汽轮机的趋势,战舰的动力性大增,解决了火炮和装甲争抢有限的动力资源的局面,最后形成了现在仍在使用的战舰理论,即战舰是火力、防护力、机动性三位一体的综合体。它们在战争中同等重要,没有先后之分。

参照此故事,我们似乎可以提出一个同样的话题,制造和营销哪个更加重要呢?在资源有限的情况下,我们不可能面面俱到,那有限的资源应该集中在哪个方面呢?笔者更加赞同德国人的做法,将看似矛盾的两个方面通过共同的目标进行统一,形成功能平衡的模式。这并不是面面俱到而是任何一个单独的方面均需要服从总体目标,如果我们将制造和营销均看作流通的一部分,并能够清晰地梳理出他们之间的逻辑关系,就不会有此争论了。

2. 某某密集型的误导

在划分行业和产业特征的时候,我们通常会用"密集型"的概念,如通讯业属于科技密集型、服装业属于劳动密集型、石油钢铁业属于资源密集型、快消品行业属于营销密集型等。按照此方法,家居建材行业属于什么密集型呢?这个问题确实很难回答,因为本行业的综合性太高了,每个细分行业都有其独特的规律,不能一刀切。所以这种划分方法虽然可以最简单直接地总结出一个行业的本质特征,但是并不能覆盖所有的行业,有其局限性。

用"某某密集型"来界定一个行业的属性,理论本身就有着重大的缺陷。我们可以看到所有有"密集型"的定语,都是以资源投入为导向的,而不是行业的根本规律。这样很容易让从业人员认为资源才是经营中最重要的方面,非常容易导致企业各个部门对资源的争夺大于合作。这很像战舰的例子,片面强调事物的任何一个方面都不能将合力最大化,会出现跛脚走路或者头重脚轻的情况。

3. 全流通的雏形

按照现代管理和营销理论,全流通的概念已经深入人心,打破了部门和环节之间的壁垒和隔阂,以商品的价值链将设计、材料、制造、物流、营销串联起来,形成全流通的模式。

它的核心思想如下:

1)商品从材料开始到最后的销售,经历了一个不断增值的过程,最后通过销售来实现价值。

2)在这个过程中,各个环节和部门形成有机的一体共同为商品不断增值,是不可以割裂的,各个部门均需要为彼此的职能承担部分责任。

3)在全流通的过程中,各个工作环节和部门的割裂和争斗都会对商品的价值形成损害。

传统理论的具体模型如图 6-1 所示,即用商品流通和增值方向将企业在经营中的各个环节和部门串接起来,各个部门对相应的环节各司其职。

全流通的模型如图 6-2 所示,在商品从左到右的增值过程中,各个职能部门需要参与整个过程,并通过叠加效应不断为商品增值。在这个过程中,部门的壁垒被打破,商品的流通更加顺畅。

设计 → 材料 → 制造 → 供应 → 营销

图 6-1　传统理论的具体模型

- 设计
- 材料
- 制造
- 供应
- 营销

图 6-2　全流通的模型

■ 五、推倒工厂的"围墙"

你的工厂有围墙吗？我们是一个喜欢围墙的民族，家里有院墙、学校、小区均有围墙、城市有城墙甚至国家还有长城，工厂有一座围墙岂不顺理成章。按照心理学的理论，一件事物被接触的久了就会对人的心理产生不同程度的影响。对于我们这个使用围墙超过三千年的民族来讲，心理的围墙可能要比事实的围墙坚固得多。这种心理围墙反过来又会促使我们建造更多的实体围墙，如拥有一楼住房的住户，下意识地就会将自己的小院用厚实的围墙圈起来，而且总觉得自己的围墙不够牢靠，开始是篱笆，继而升级到栅栏，最后是坚固、高大的砖墙。在商品经济和信息交流高度发达的今天，我们的围墙却似乎一点也没有像西方社会那样有逐步减少的迹象。

商品的全流通渠道，就被工厂厚重的围墙分割成了两个巨大的断裂带，围墙的一面是生产制造，另一面是营销渠道，还有在这个围墙墙头上面的"几棵小草"——工厂企业的营销部门。我们这里所说的"围墙"当然不是物理属性的，而是指心理层面的。

TG 是一家成熟的实木地板企业，有着完善的产品管理系统，他们的 200 多款产品都被进行了科学的编码，并辅助以产品的颜色名称作为产品名称，如表面被处理成咖啡色的柚木地板，就被称为柚木咖啡色。一切看似井井有条，然而到了渠道经销商那里还是出现了问题。经销商和销售员对产品编码一窍不通，产品的颜色因为原材料、加工工艺的差别，看似每批次也不太相同，且每个颜色产品的长宽、厚度、规格也有很多种。

基于此现实情况，经销商就采取了对其最省力的方法，即仅仅用产品的木种、颜色命名、规格来区分每款产品，形成了与工厂不同的产品管理方式。经销商这种无奈的做法事实上将整个产品流通过程打破得七零八落：

1）因为放弃了产品的编码，经销商和工厂在采购、运输售后等环节的沟通上耗费了大量不必要的时间和精力，经常出现货不对版的情况。

2）经销商和工厂都将产品名称中的颜色词汇仅仅作为名称使用，造成顾客在看到产品名字的时候因为名称颜色和实际商品颜色不一致而莫名其妙，销售员需要苦口婆心再去解释一番，浪费了销售资源。

3）因为木材原材料的批次差异造成不同批次产品颜色的不同，经常会因为实际产品和店面样品的颜色不同被客户投诉。

因为经销商与工厂的做法不同，其变通的方式打断了整个产品的供应和营销系统，造成了流通的断层，大大降低了渠道的效率。笔者不认为这是经销商的错误，工厂在产品推出的时候就在"围墙"里面闭门造车，只从自己的便捷性和专业性出发，为营销渠道考虑得少之又少。反之，经销商在工厂"高大围墙"前碰壁以后，也本着多一事不如少一事的态度，丧失了倒逼工厂改变的耐心。这还仅仅是工厂和渠道之间的"大围墙",事实上在厂商的各个部门、渠道的各个环节中,也是小围墙、小栅栏、小篱笆林立,流通的效率堪忧。

第三节 有机的分销渠道

谈了太多的工厂、生产方面的话题,我们还是回到营销方面来吧,如何打破渠道壁垒、提高流通效率,先要从分销渠道的系统设计切入。

■ 一、"三流"思维与"四维"设计

一个有机的分销渠道的建立绝不是招商、维护、管理、促销几个问题这么简单。虽然家居建材行业内的各个企业的渠道表面上看起来都大同小异,如果我们仔细分析一下,就能发现其中的机关和妙处。

1. 渠道流通的"三流"设计

我们在前面提及过分销渠道的"三流"作用,即商流、财流和物流,这也是商品流通的最主要管道。任何一方面的瑕疵和失衡都会使得渠道的效率打折,如前面提到的渠道库存问题就是片面解决物流和财流的问题,而大大伤害了商流。因此在渠道建立和维护过程中,我们需要小心谨慎地设计和操作这"三流",这个设计我们可以通过一个渠道流通设计模型表格来作为辅助工具,见表6-1。

表6-1 渠道流通设计模型表格

三流	主体	角色	关系	流量	堵塞处
商流					
财流					
物流					

在进行渠道设计的时候，我们可以根据表 6-1 做这几个工作：

1）发现并确定"三流"的主体。分别对商流、财流、物流过程中的主体进行辨别和归纳，这些主体也就是整体流通环节的主要节点。

商流方面，也就是承担营销工作的主体，如工厂（如果工厂没有利润和销量任务，则不包含在内）、批发商（省代）、零售商（各级代理）、店面、装饰公司、房开、消费者等。

财流方面，具有财务收付功能的主体，如工厂、总公司、批发商（省代）、零售商（各级代理）、装饰公司、房开、消费者等。

物流方面，承担商品运输流转存储的主体，如工厂、物流公司、各级代理（建有仓库或者具有进行物流操作的部门）、装饰公司、消费者等。

2）明确和固化主体的角色。按照重要性先分别对各个主体进行排序并确定重要性级别 ABC，然后分别定义每个主体在流通中的角色和职能。如对于批发商和省代，其"三流"方面的角色重要性可能为：①商流，为区域的销售任务负责，并推动、辅助下属二三级代理进行商品销售工作，因为其主要承担 B2B 的间接销售，不在一线操作，该职能的重要性界别就是 B；②财流，如果批发商需要为渠道库存垫付货款，重要性即为 B，如果终端零售直接打款到厂商总部，省代仅仅是账目操作，重要性则为 C；③物流，承担商品物流在工厂和零售商之间承上启下的角色，并是渠道商品流动的重要分拨中心和支撑点，因此物流界别为 A。

3）理清主体之间的关系模式。如批发商或者省代是否需要为工厂和下属代理承担渠道库存或垫付费用？厂商总部和省代是否需要为终端零售商承担部分营销、推广费用和营销帮扶？厂商的电商、直销渠道和代理商之间的关系和利益分配模式是怎样的？零售渠道中的缺陷产品和客诉谁来负责解决？等等。一旦这个关系模式确定了，通常意义上一份标准的渠道管理制度和营销售后政策也就形成了。

4）精细的动态流量设计。这个方面的工作有些像道路交通和运输管理的模式，通常我们会从整体营销目标和费用预算开始，再逐步将其分解到每个经销商，甚至精细到细分区域市场和终端店面。随之而来的就是根据目标进行资源的分配和渠道的搭建。

商流，即销售任务的分解和营销资源的分配，是否需要在区域内建设更多更深的渠道终端来完成任务，是否需要对目前的渠道增加促销费用以深挖市场潜力等。

财流，根据销售目标对区域内经销商和总部财务能力的考量，是否需要根据财务现实调整目标或者提供额外的资金帮助完成营销目标？现金流如何把控？

物流，根据销售目标计算出不同时间阶段内商品供应的流量，以决定工厂的生产计划和渠道库存容量，是否需要建立分拨仓库等。一旦某个厂商开始涉足此方面的工作，等于它已经能够达到渠道管理高层级的水平了。因为篇幅的限制，这里不再进行深入展开，只提出一点：**一个专业性的渠道设计和管理是可以进行效益、效率、质量、误差等指标量化计算的。在仓储物流、快递运输、零售超市等相似的行业早已经被运用多时了，而我们行业还处于感性的、定性的模糊管理状态。**

5）发现堵塞处并疏通它。设立时间节点下的销售任务完成率、资金状况、应收应付、仓储库存、客诉处理的安全警戒线，一旦发现异常快速处理。

2. 渠道流通的"四维"设计

渠道的模式存在着四个维度，即长度、宽度、深度、时间度，均需要自觉地设计、维护。

1）长度。渠道的长度，即分销代理的层级。在家居建材行业的营销界有一个趋势,即渠道的扁平化,以减少渠道中间环节、节省渠道成本并提高效率。扁平化相对于多级代理形式并不一定总是正确,这需要根据产品的特性、对渠道的依赖度和厂商的渠道管理能力来决定,如从事门窗型材的企业,一味地扁平化去面对上万家门窗加工门店,反而会使其渠道管理成本大幅度上升,且造成产品的渠道二次加工能力下降。设计渠道系统最佳的长度需要根据细分行业的规律、产品的特性、厂商总部的管理能力、经销商的经营水平等几个参考指数去设计,切不可东施效颦似地一味扁平化。

2）宽度。渠道的亮度,即分销覆盖区域和行业。几乎所有的厂商都希望自己的营销渠道能够覆盖全国市场甚至国外,面对这个几乎是无限大的市场,其愿望无可非议,但是瓶颈就是企业的经营能力和成熟度。目标市场越大,对企业的行销力、管理能力、品牌能力、客观资源等的要求就越高。不是所有的企业都能在短期内达到的,因此我们会发现在家居建材行业内的每个细分行业中能够覆盖全国市场一般也就是前十名的企业,大多数中小型企业还处于经营区域市场的状态。所以对于目标市场的开发一定要根据自己的资源和实际情况一步一个脚印,切不可贪大求全。

3）深度。渠道的深度,即分销渠道对市场的渗透深度。这个深度有两个方面,一方面是渠道对区域市场的渗透度,也就是经销商是否能够深入到一二三四级城市市场乃至农村市场;另一方面是对行业客户的开发度,如装饰公司、房地产企业、酒店饭店、公共场所等市场。这个维度和渠道宽度的性质相同,设计上也需要根据企业自身特点、产品特性和资源实力来决定。

4）时间度。渠道的时间度,即渠道模式的期限和调整规划。一旦前面三个空间维度的设计完成了,便需要针对市场的发展趋势、企业的长期目标在时间维度上对渠道进行发展规划。这个维度的工作可以说是大多数企业最缺失的，以往最典型的就是"三年现象"，即企业经过开始阶段的市场爆破，短期内建立了初具规模的渠道体系，然后就是不断地进行复制扩张和修修补补，到了三五年的时候，就会出现营销和渠道模式老化的问题，不得不进行二次创业重新对渠道进行整肃，由此产生积累的营销资源大量浪费的现象。

对渠道的时间维度进行三到五年乃至十年的规划是必不可少的，"花无百日红"这个道理请牢记。**一种模式的建立，其合理性只能相对于当时的情形，随着市场环境、企业发展目标、规模和阶段的变化，营销渠道也应该是一个动态的过程，需要不间断地调整和改善，避免因为突然的转向对既有系统造成颠覆性破坏。**

■ 二、渠道的"原子核效应"

"分销渠道的各个点就像一个个分子，组成了整个渠道营销系统。"这句经常被业内人士引用的话看似有道理，但是却在严重误导着渠道的设计和建设。

"分子"比喻法的问题在于：

1）将每个区域和经销商看作相同的点，将具有不同个性的市场和经销商进行了简单的均一化。

2）将渠道系统看作一个由各个点组成的平面。

3）误导渠道管理人员将营销工作简单化。

4）没有识别出不同区域市场之间的连带协作关系，弱化了分销渠道的系统性和整体性。

相比于"分子理论"，笔者认为"原子理论"会更加贴切。因为每个原子是不同的，不同原子的排列组合形成了分子。这里笔者要提出一个渠道的原子理论，为了帮助大家理解，我们看个例子。

第六章
产业链：从产品营销到全流通

一个家居品牌企业在浙江省杭州市有一个经销商并拥有覆盖市区的若干家店面，当然也会包含一两家旗舰店，在杭州周边的萧山、余杭、临安、德清、海宁等二三线城市也拥有了若干家经销商。如果按照分子理论，这些经销商会画地为牢，各自开发经营自己的市场，老死不相往来，而现实是：因为地理距离的接近和城市影响力不同，杭州必然会对周边的小城市有着强烈的吸引力。表现为：

第一，我们无法阻挡周边城市的客户通过一两个小时的车程去杭州采购更加满意的建材产品，也不能据此判定杭州经销商抢夺周边城市经销商的客源。

第二，如果余杭的经销商某个品种的商品缺货且厂商无法及时供给，他可能会因为和杭州经销商的关系不错而暂时调用部分商品应急，我们也不能判定此行为为窜货。

第三，因为萧山经销商的小型店面出样品种有限，他会在打完招呼以后将客户引导到杭州市的旗舰店先选择商品后再回来下订单，我们也不能认为这是损人利己。

从中我们可以看出：无论是否被承认，杭州的"原子核效应"必然会对周边的各个"小电子"市场形成巨大的吸引力，最终会形成以杭州为核心的"大区市场"。不仅仅是杭州，如长沙相对于长株潭地区、北京对京津冀地区、上海对苏锡常、广州对珠三角、成都对四川、重庆市区对重庆市、西安对咸阳铜川宝鸡等，因为中国快速城市化的进程，已经形成了以大型城市为核心的若干个市场群，以往基于"分子化"的渠道理念和运营模式有些过时了。

现实逼迫我们做出改变，无论是否愿意都需要改变传统的渠道模式思维，接受渠道立体化、原子化、区域化、协作化、系统化、整体化的新特征去编织一个有合力的渠道网络，才能最大化地发挥渠道营销的能力。要达成此目标则需要我们在代理协议、渠道政策、激励措施、物流系统、终端设计等方面做出创造性变革，原则是渠道经销商不是分子而是原子。

三、渠道的营养不良和偏食

1. "营养不良"的产生

我们通常会定义身材肥胖者为"营养过剩"，然而到了医生那里却会被诊断为"营养不良"，到底是"过剩"还是"不良"呢？这并不矛盾，因为过剩是数量，不良是质量。按照医学理论，"营养过剩"通常指的是单一或者几个营养元素的超量吸收，而且其他营养种类欠缺，造成营养失衡，所以只要是人体营养的不足、不均衡、超量等均可以被判定为"营养不良"，其中营养不均衡占了营养不良现象的大多数，家居建材行业的渠道系统均存在着这种"营养不良"的问题。

在行业内，除了一些相对先进的企业以外，更多的企业正在经历着由"原始买卖贸易型"的渠道模式向"渠道经销商合作型"转向的痛苦过程中，这也是分销渠道发展的必然结果。过去"贸易型"渠道模式对厂商企业来讲相对简单得多，只要是产品过硬、市场旺盛、价格合理，招商就不是问题，经销商会趋之若鹜地蜂拥而至，而且后期也不需要做什么渠道维护工作，经销商自己会根据各自"地盘"的具体情况，利用自己的资源和能力开拓市场，厂商只要做好供货和售后也就差不多了，这就是渠道先天的"营养缺乏症"。

这种厂商单方面的"好日子"必然不会太长久，随着消费者的不断成熟、企业间市场竞争的加剧，渠道模式的不断升级和复杂化程度的提高也就成为必然。经销商"单打独斗"的经营模式和分散的资源已经无法承担现代市场条件下的品牌运作、市场系统化运营、高效流通的需要了,这就需要厂商站在宏观的高度向渠道的系统化、统筹化发力,以全方位地帮助渠道提升综合营销能力。问题在于虽然厂商意识到了为渠道补充营养的必要性,但是需要输送何种营养、向谁输送、何时何地怎样输送等这些问题会让他们感觉茫然,因为过往的经历里面没有此方面的经验。

2. 偏食和被偏食

如果我们将渠道的"营养补充"比拟为人类进食的话,那么营养的不均衡就是偏食的后果,而造成渠道偏食既有主观的也有客观的原因。

笔者因为工作原因,在2005—2016年间接触过几百家经销商,也曾经询问过他们最希望获得品牌厂家什么样的支持,回答中有80%是希望获得广告支持,或者干脆就直说希望厂家多做广告,其他的支持都没什么用!而且这十几年中这种回答的数量和比例没太大的变化。

经销商的共同愿望反映出渠道的严重"偏食症状",即对广告的依赖心理形成的营销惰性。"广告依赖症"在深层次体现出了渠道经销商两个方面的懒惰思想:①对过去创业阶段"做广告就有销量"的"好时光"难以割舍,不愿意踏踏实实地对市场进行精耕细作;②"盼望老天爷下雨,而不是自己主动打井",对品牌厂家有不切实际的资源攫取心态,总认为广告最直接管用,而不考虑实际的情况和厂商的承受能力。

在本书有关广告的章节里面我们探讨过,暴风雨般的大规模广告投入的效率是最低的,资源消耗也是最严重的。现实状况下如果不是新品上市,已经鲜有厂商采用这种推广方式了。然而经销商还是抱着这个"热火罐"始终不肯撒手,这不仅会错过厂家提供的很多不错的支持政策和资源，甚至更会丧失提升自己经营实力的机会和市场机遇。我们可称其为经销商主观的"广告偏食症"。

与此相反，想要让厂家主动拿出真金白银去对渠道进行营销支持也是不容易的，经销商朋友们也心知肚明，彼此博弈后的结果就是各种营销奖励政策的推出。这种支持方式虽然对渠道有一定的激励作用，但是经销商普遍认为这不属于"输血式"的渠道支持，给经销商的印象也一般，因为它是结果导向的，会被误认为拿经销商挣的钱反过来支持经销商，羊毛出在羊身上；它是事后支持的方式，在经销商已经完成了绩效任务以后再提供支持等于"雨后送伞"，此种支持不是在渠道最需要帮助的时候发生的；按照"马太效应"这种将激励和支持相混同的做法会使强者更强、弱者更弱，造成渠道系统的失衡，也是营养不良的一个表现。

以上就是显而易见的"偏食"和"被偏食"的现象，其根本原因是"一招鲜"的思维普遍存在于厂家和经销商的头脑中。他们的共同点是寄希望于一个关键措施的采用可以解决所有的问题，正面一点说这叫作专注矛盾的主要方面，而实际上是一种"懒做"心理，因为"营养均衡"的做法对他们来讲过于烦琐复杂，不如想象中的"一招制敌"来得痛快直接。在这里笔者不想再去重复该如何做的问题，因为基于几个"P"的营销早已经被业内人士烂熟于胸，这不是一个如何做的问题，而是愿不愿意去做的问题。

3. 渠道的毒瘤：其他生意

人体的细胞如果存在增生或者其他病变的话，最大的风险就是癌变成肿瘤的可能。在渠道经销商和厂商中协作形成的分销体系中，最大的癌变风险就是经销商在既有渠道中引入了其他生意。如果某些经营状况不佳的经销商三心二意还只是头疼脑热的问题，尚无大碍。如果一些生意做得风生水起的大经销商去另起炉灶的话就是心腹大患了，如果医治不当就会形成分销渠道的毒瘤。

笔者就认识这样一位西南区域的经销商，他是白手起家的，经过十几年建材生意的经营以后身价数亿。在初始的生意以外投资了房地产、学校甚至其他竞争品牌，已成尾大不掉之势。由于该经销商体量和影响力巨大，最初品牌的业务规模在他所有生意里面的比例已经不足20%，品牌厂家虽然不满，但在彼此博弈之后也拿他没办法。而且该经销商最聪明的做法就是每年都会完成厂家要求的销售任务，不多也不少，因而他和厂家总部的营销部门也是彼此客客气气，相安无事。

表面上看似一切如常，深层的癌变却在不断扩散。因为品牌厂商对该经销商以绩效为先导的"无为而治"，其他地区的同类经销商也纷纷效仿，投资其他生意，导致对主业的资金投入和关心度不够，就像癌细胞扩散到其他健康细胞，而且还不断吞噬着肌体的营养，导致整体渠道系统的营养不良和病变。一旦"渠道兼职"的癌变蔓延到一定规模，就会严重损害渠道系统健康，甚至危及生命。

通过行政命令去禁止经销商从事其他生意是不合理也是不现实的，然而也不能放任自流，尤其对同时经营竞品的经销商。如何通过科学的渠道管控去把握经销商的发展方向，是渠道管理部门除了销售任务以外最大的任务。在渠道管控中，必要管理制度有效执行只是"硬"的一方面，通过为渠道提供合理搭配的"营养套餐"，从"身体"内部使经销商的成长方向和速度向自己的期望发展才是潜移默化的"软"方法。这又回到了老话题，"软"方法的实施需要商家的渠道管理部门对营销层面各个元素全面的操作能力，不能仅仅是"胡萝卜加大棒"简单粗暴的方式。

四、渠道的流通伸展

今天传统分销渠道的模式正在经历着前所未有的挑战，电商的冲击仅仅是一个表象，深层次却是渠道和商业模式的巨变。长篇科幻小说《三体》提出了一个让厂家和经销商们不寒而栗的"降维打击"理论（"降维打击"，大体意思是水平和思维不在一个层次的战斗），揭示了以零售业为代表的很多传统产业和商业模式灭顶之灾的风险和实质。

以前任何一个商场需要开在人流聚集的地区才有生意，当电商来的时候，地域这个维度几乎没有了，零售商场就困难了；杀毒软件行业，当360不收钱以后，这个维度没有了，就开始慢慢消亡了；微信产生以后，电信、移动的电话和短信业务就遭遇了微信免费通讯的降维打击，垄断老大们也遭遇了危机……

这样的例子还有很多，最有趣的是小米手机，过去的手机销售都是靠各级经销商代理商的，层层加价，最后销售出去，这和家居建材行业目前的模式相同。然而小米直接建立了自己的粉丝渠道，去掉了中间商这个维度，其他手机品牌厂商传统的渠道优势用不上了，马上就要消亡了？可事情正在起变化！小米的直销模式走到2016年以后，非但没有像人们预计的那样将其他品牌在渠道中驱逐出去，反而却因为销量的落后转而大力经营自己的线下门店渠道。

看起来"降维打击"也不是毁灭性的通杀，关键是这个维度否能被降下来！从小米的案例和马云"新零售"的推出，我们可以看出线下营销逆袭的势头，鹿死谁手尚未可知，不过有一点是明确的，就是电商的热潮已经在逐步降温，因此从事产品产业和营销的渠道经销商大可不必惊慌。

虽然现代科技的进步将空间和时间大大压缩、流通效率大大提高，然而有一点始终未曾改变，就是机器还无法代替人类。简单来说即当消费者购物的时候，如果其他条件相同，您是愿意面对一个有生命的活人还是冷冰冰的机器，答案不言而喻。

在一次培训课程课间休息的时候，一个学生问如何搞定一个客户。他给笔者看了他和客户的微信聊天记录，以展示问题的缘由和难点。短时间内笔者无法通过微信记录了解其中的详细过程，就建议他给客户直接打个电话吧，微信不是谈生意的最好手段。一个小时以后，他回来告诉生意谈成了，并问为什么需要打电话，笔者告诉他："微信只是一个聊天工具，你和客户面对的都是手机里面枯燥的文字，而电话里你们可以听到彼此的声音和语气，交流速度也比较快，这样便于你和客户沟通，而且电话通话也不会因为网络卡顿影响沟通质量。"

总而言之，基于人性化的传统营销渠道、语音通话、面对面会议、店面销售都不会因为效率更高的电子机器途径而消亡，反而会演变成一种更加高级的沟通方式，效能更好。各位家居建材行业的从业者们请不必惊慌，人性不变则商业规律也不会变，只是你的商业模式是否能够更好地满足人的需求。

当汽车发明以后，马车作为交通工具就退出了历史的舞台，伴随那些兽医和打马掌的匠人大量失业，这就是降维打击。然而不是所有"马匠"都消失了，如果现在你有一匹赛马且需要打马掌，其花费绝不是以前的数量级。"降维"只会打击弱者，有实力的反而会凤凰涅槃般重生。

1. 流通伸展

无论是行业内部发展的需要还是外部环境的变化，均在促使目前传统渠道模式进行转变。作为一个行业或者群体，如果不想被"降维打击"所湮灭，就需要具有抵消"降维打击"的"支撑力"，以支撑自己的生存维度和空间。这个支撑力还应该是弹性的，进可攻退可守。家居建材行业目前的渠道模式，最好的支撑力就是"流通伸展"，即由现在的"营销化"向"流通化"延伸。

家居建材产品具有广泛的"半成品化"和"部件化"的特点，就要求承担其营销任务的分销渠道在营销之外还必须具备流通的功能，以便其产品能够完整、优质、便捷地到达消费者的房间里，不仅仅是将既有产品卖出去这么简单。这一点从对我们冲击最大的淘宝和京东就可以得到证明，表面上看，淘宝网只是一个从事营销的终端平台，自己不制造产品和经营产品品牌，很像传统经销商的角色，然而真正支撑其庞大零售帝国的却是其发达的物流配送和支付系统，这也正好契合了分销渠道商流、物流、财流的任务，所以仅仅将分销渠道视为一个销售系统的认识是片面和落后的。

经销商们将自己的角色由单纯的营销向流通进行升级转变势在必行，即所谓的流通伸展。这里笔者建议各位经销商朋友们应当立刻有意识地进行流通化布局，从品牌运作、产品供应、产品再加工、便捷支付、售前售后服务等方面进行立体化的多维运营，以打造自己的流通实力。

2. 渠道金字塔和扁平化

近些年，渠道扁平化在业内很流行，对比金字塔式的多层级渠道结构，渠道扁平化具有减少渠道中间环节、提高渠道效率、降低渠道成本等优势，对于渴望降低营销成本的部分企业可以说是一剂良药。理论归理论，实际还是实际，据一些率先进行了渠道扁平化改造的企业反馈的信息，好似效果并没有预期的那样理想，甚至部分企业还因此出现了部分渠道失控、总部管理混乱的现象。

要想解释这一现象我们先做一个类比：一条河流的水系系统，最常见的是枝形水系和扇形水系。枝形水系，如长江和黄河，即小河在不同的地点汇流进支流，支流在不同地点汇流进干流的水系；扇形水系，如海河，即所有的支流在同一地点同时汇流进干流的水系。因为流域水系的结构不同，枝形水系的河流通常流域面积覆盖广阔，河流长、落差大；扇形水系的河流流域面积有限，河流短、落差小。按照水力学的观点，扇形水系是最可怕的，因为支流在同一地点同一时间汇入干流，在雨季的时候很容易发生水灾，且扇形水系河流较短、落差小，无法通过建设水坝节流的方式来避免水灾，唯一的方法就是在干流处开挖新的河道来分流干流的压力。

以上的枝形水系和扇形水系像极了我们的金字塔和扁平化的渠道系统。金字塔渠道结构，终端和总部距离较远，渠道成本高但是抵抗风险的能力也强；扁平化渠道结构，终端和总部距离较近，渠道效率高、成本低，但是抵抗风险的能力也弱。本书中不止一次指出没有任何一味药可以包治百病，渠道扁平化也不例外。

金字塔形渠道结构的实质是"强枝弱干"，将总部的部分职能分解到中间层的代理手中，加强渠道的运营能力，以形成整体渠道系统的有力支撑。这样做的好处是即使在终端"枝条"实力不济的情况下也能建立强壮、稳定、茂盛的"渠道树"，并能够最大限度降低总部的运营难度和成本。当然这要付出更高的渠道管理和运营成本。与此相反，扁平化的渠道结构的实质则是"强干弱枝"，将所有的渠道管理职能集中于总部，所有经销商无论大小、强弱均需要与总部直接接洽，需要经销商和总部的渠道管理人员具有极好的运作能力，才不会产生断枝和失控的现象，而且这个运作能力也是渠道系统规模的极限点，这也是一般扁平化渠道规模不大的原因之一。

所以金字塔结构和扁平化结构的渠道系统无对无错、无好无坏，关键是看适不适合企业的需要，如果在没有深思熟虑和充分准备的情况下将金字塔形的渠道结构硬向扁平化方向进行改造则就出现大的问题：

①终端经销商们是否有能力并有准备在脱离中间代理商照顾的情况下独立运营和与总部接洽？②总部渠道管理部门是否有能力并有准备直接运作庞大的渠道系统和经销商群体？如果答案是否定的，则直接的后果一定是渠道的萎缩，或者是总部营销部门的崩溃。

笔者认为：在当下营销模式面临革命和升级的大环境下，分销渠道面临的使命和功能的需要越来越多，在没有"做强"准备的前提下盲目进行渠道扁平化只能是一种倒退行为。这不是说扁平化一定是错的，只是我们需要一个评估标准，就是扁平化以后渠道实力是增强了还是减弱了，除非你的初衷就是想弱化它。

第四节　大流通

已经说了这么多，该是做结论的时候了，让我们抛开细枝末节，去探索家居建材行业营销未来的发展方向和革命的爆发点。说起来有些高端，其实本质上不过就是将传统的营销向"大流通"进行转型。**这里的"大流通"一定不是将营销、物流、生产等元素扭结在一起这么简单，应该是融会贯通的一个基于客户和市场需求的商品供应系统。**在市场层面，这个系统里面的任何一个环节绝对不是消费者应该去关心的，他们只需要知道"我会得到什么，支出什么"就足够了。这本不是什么新奇的事物，只是家居建材行业需要迎头赶上的"补课"行为。

■ 一、提升流通的"质"而不是"量"

1. 国情不是借口

记得二十世纪八九十年代的时候，大量的国外大品牌看中了中国的巨大市场潜力而纷纷摩拳擦掌，然而当他们来到中国以后立刻被中国市场的复杂度惊呆了：地域广阔、地区差异巨大、城乡差异巨大、不同地区的文化差异巨大、不同层级的市场特征差异巨大等。这让人生地不熟的老外们手足无措了，结果他们不约而同地放弃了在本国驾轻就熟的直营模式或者自己建立分销渠道的方式，设法在中国找一个合作伙伴作为总代理，委托这个代理商代为开拓中国市场，这要比他们亲力亲为效率高、成本低、风险小。

这些外国人的决策毫无疑问是正确的。相对于欧美国家完善的商业环境、发达的物流系统、微小的城乡差异、成熟的市场规则等因素，当时的中国还处于发展中的初级阶段，外国人的水土不服是一定的。委托中国总代理虽然正确，但是他们必须向一个现实妥协，委托总代理的方式虽然市场拓展速度快、效率高、难度低，可也伴随着营销和流通模式的变形和质量衰减，即市场行动落地以后就会因为本土化而和外企既有的全球标准产生差异，在终端渠道质量、品牌形象、营销策略等方面不能完全实现和其全球战略同步，甚至还要对某些不能见光的行为"睁一眼闭一眼"。任何事物都有两面性，一利必有一弊，这也是没办法的事。

目前状况改变了，中国进入 WTO 以后市场商业环境在软、硬件方面的逐步完善，国内外的差距在缩小，且外国人对中国的也越来越熟悉。他们对"海外独立王国"的存在变得越来越难以容忍，不断想方设法直接上阵"收拾旧山河"，这促使众多国际品牌代理的生存空间因为国内外的双重压力变得越来越狭小。

一个典型的例子就是 2016 年的国际知名体育用品品牌 New Balance 的"新百伦"之争。熟悉运动鞋的人士可能都知道，对比耐克和阿迪，同级别的 New Balance 品牌和其产品曾在中国市场上是最混乱的。真真假假、虚虚实实，各色类型的鞋子很多但很难分出真假，这造成 New

Balance 在中国的市场份额与其国际地位极端的不匹配。长久以来，New Balance 对此现象也未采取任何措施，但从 2006 年开始他们发力重整中国的营销渠道和市场秩序，最后虽然其商标权的官司未能打赢，但是他们整顿品牌形象和传播的目标却达到了。这就是国际品牌直接介入中国市场的案例。

在家居建材行业，存在着众多的国际品牌在中国的代理商。以往代理经营一个国外品牌相对比较简单，只要能够完成承诺的销售额以及在品牌传播、终端形象上不出大的纰漏，彼此也就相安无事。相信你们绝对发现近期的一些变化，代理商品组合、品牌传播手段、店面终端品质、订单和市场信息的反馈等，外商的要求和插手的地方越来越多，已经不像以前那样"安静"了，这就是"山雨欲来风满楼"的趋势。他们开始介入更深层次的营销和流通环节了，渠道营销流通模式已经被外因倒逼到不得不升级了。

让我们回到国内的家居建材行业，简单对比一下二十年前和现在的渠道运营模式的不同，好似变化不大，最多是"量"的差别，在"质"的层面没有本质的区别。据悉，目前国内家居建材行业的商家在分销渠道内建立在线订单系统的尚属凤毛麟角，而这些订单系统的目的也只是停留在订单处理和产品供应的层面，尚不能结合营销信息形成流通信息系统，无法将整个渠道网络形成一个完整的流通系统，也就是说我们的渠道运营还处于一个非常原始的状态，尚无法形成封闭的流通循环，更不用说大多数企业碎片化的代理商模式了。

2. 流通的品质

提升渠道流通的品质，而不是数量和规模，是我们必须面对的课题。 渠道流通品质，也就是说在单位渠道尺度下能够实现的最大产品流通量、资金回笼量和客户满意度等指标。这和渠道的规模、经销商的数量多少无关,却代表着的渠道的核心竞争力。作为一名经销商,如果将自己的渠道实力做强而不是像以往那样做得更大是必须考虑的问题,仅仅依靠市场和产品的信息不对称就能赚钱的日子可能一去不复返了。这就为我们提出一个重要的疑问:除了能够"一手托两家"地平衡产品和市场的关系,还能做些什么能够真正实现渠道增值的事情?这个增值已经不是传统的加法和规模,而是品质和附加值。

橱柜行业(事实上也还包含相邻的家具、衣柜、门业等相类似的行业),其产品本身的形制和类别非常简单,不外乎是一些板材、门片、五金零件、玻璃和门框、台面五大类别配件的组装体,其真正产品核心是设计和科技,因为这两个因素直接决定了其产品的美观度和功能性。

具体到渠道营销和流通领域,如果你有去代理经营一个橱柜品牌,则会发现经销商可能要比厂家还要操心。

1)产品的仓储物流绝对是一个最大的压力。五大部件类别下面包含了几百上千个零件品种和规格,都需要经销商进行恰当的库存供应,缺一不可,这就对经销商的资金实力和仓储物流管理能力提出极高的要求。

2)二次加工能力。橱柜在出厂之前虽然有不同款式产品的组合,然而其实只是设计方案和大形制的部件,还需要经销商建立二次加工的工厂进行产品二次加工和定制化,以至于在客户的房间里还需要安装工人根据设计方案进行现场的第三次加工、组装。

3)设计能力。作为橱柜的经营者,必须配备一定数量的兼具营销职能的设计师,以便根据客户的具体需求量身定制设计方案并进行产品实现,甚至安装监理的工作,才能保证不出现"货不对版"的情况。

4)营销能力。一定面积的专卖店和销售员的配置,当然必不可少。

以上这些工作都是经销商在渠道里为厂商做的增值工作，脱离了这些在流通环节的工作，橱柜产品是无法直接到达消费者家里的，也很少有品牌厂商能够有能力脱离经销商系统的帮助直接运营这个流通网络。

由此我们可以看出，经营橱柜品类的产品，需要经销商具备相当的实力，才能保证产品从工厂到终端到客户家里的顺畅的流通，它对流通品质的要求要比其他品种简单、成品化程度高的诸如床品、电器、水泥、防盗门等品类高得多，所以也凭借其流通的实力和高品质，特别是渠道环节对产品流通的巨大增值能力占据了家居建材行业的制高点。

我们也据此发现下一个有趣的现象，即在行业内越是对流通品质要求较高、需要渠道增值的细分行业，其行业地位和利润率就较好，反之就差些，流通品质包含的因素如图6-3所示。

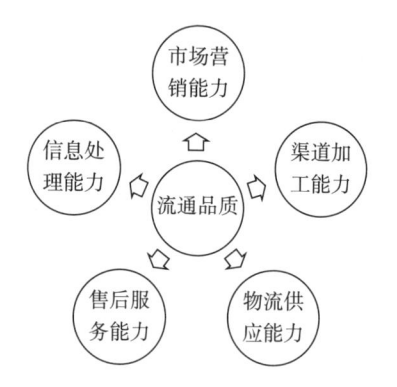

图6-3 流通品质包含的因素

二、建立流通循环

1. 渠道信息流通与大数据

渠道的物流、商流、财流里面除了物流里的实体流通以外，其他元素在目前电子支付大行其道的条件下本质上均是信息流。作为一个完整的流通系统，信息流通远比商品实体流通要重要、复杂得多，渠道流通中的这部分功能却一直没能得到足够的重视。

这就像人类的神经系统，与完成大脑对其他器官的指挥功能同等重要，它的信息传递和收集、感知功能对人体也必不可少。基于目前行业的现状，大多数厂商和经销商还是更加看重这个系统的实体流通功能，甚至仅仅是其"销货"功能，这是对渠道资源的巨大浪费，也是渠道流通品质迟迟无法提升的根本原因之一。

流通信息循环的组成如图6-4所示，厂商节点、渠道节点和上下行信息传递这四个元素构成了一个封闭的大循环，且这个循环应该是有机的、生生不息的，是一个增值的过程。信息循环的具体的内容包括：

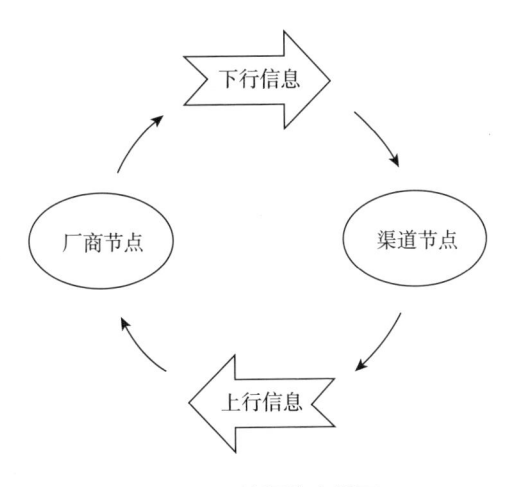

图6-4 流通信息循环

厂商节点：厂商营销和管理层面的信息收集和生成、信息处理、信息反馈、信息操作平台等。

下行信息：政策信息、指导信息、产品信息、环境信息、培训信息等。

渠道节点：渠道和市场层面信息收集和生成、信息处理、信息反馈、信息操作平台等。

上行信息：市场和竞品信息、经销商需求信息、消费者需求信息、商品营销信息等。

实际上，当一个厂商完成了渠道流通系统的搭建以后，也就同时构建了这个信息系统，并不同程度地正在使用这个系统。只是这个系统的完整度、质量和利用程度还处于一种原始的、自发的状态，并没有被充分、自觉地利用起来。分销渠道网络是厂商与市场之间最重要的信息触角，这比其他信息渠道（媒体、广告、调研等）来得更加直接、真实、具体和高效。

大数据对市场营销的意义，各位读者可以从网络上得到足够的信息，这里不想重复。笔者只是建议无论是厂商企业还是经销商均能够认识渠道流通系统里蕴藏信息的价值并能够采取适当的手段去进行提炼和使用，反过来这些信息的价值又会促使渠道流通品质和效率的提升。

我们提及过的行业内有一些先进的企业建立了自己的渠道订单管理系统，这本是一个非常好的信息平台，不过仅仅被当作了一个操作平台，其信息功能被边缘化了。从大数据的观点出发，每个订单事实上包含了大量的顾客消费行为信息，而当这一信息量足够多时，也就可以通过信息数据分析勾勒出市场、产品、渠道等层面的诸多信息。这些直观、真实的一手资料包含的信息量巨大，是企业经营决策最有价值的参考，只是客观上尚未被良好利用，订单系统仅仅被看作是一个提高工作效率的操作层面的技术手段。

如果企业经营管理者能够在主观上重视渠道信息的价值并愿意去实施，在目前订单系统的数据平台基础上添加一个信息处理模块，其工作难度和成本并不高，就可以非常简单地升级其为管理信息系统（MIS），关键是企业管理者是否有意愿去实施它。

2. 软实力和系统化思维

在当下的世界，如果人们的审美情趣、生活方式及材料科技没有原则性改变的情况下，家居建材产品产生质的飞跃的可能性很低，也就意味着行业的天花板会离我们越来越近，特别是在中国房地产行业放缓的大背景下。所以短期内想要通过实现产品硬件革新来突破这一天花板是不现实的，留给我们的只能是软实力的提升。

这里想再啰唆一遍对软实力的认知误区。

不是任何看得见摸得到的东西就是硬道理，而如"软道理"就一定是虚幻和无用的。笔者有很多朋友立志于自己创业并咨询笔者的意见和建议，他们会不厌其烦地讲述其拥有的技术、产品、人脉和环境资源，并据此来证明其事业的可行性和未来的美好。

遇到这种情况，笔者则会给他们浇一盆冷水，劝告他们："我们都不是上帝，这些资源你有的同时别人也会有，为什么他们不去做？这些硬件资源只是一个基础，如何去做才是你的核心竞争力。"这就像一个行业很多相似的企业，表面看起来他们拥有相同的产品、厂房、设备、人员等硬件，但是每家的经营模式却各不相同，这个软性的经营模式才是他们真正的核心竞争力。有一个对公司的定义是：将各项资源整合在一起创造价值的一种组织形式，软的"组织形式"是核心，硬的资源只是条件而已。

在营销领域，将分散的、单向的、平面的分销渠道进行系统化、立体化改革，形成完整的流通链，这是在软实力层面最直接、有效的提升方式。笔者曾经表达过这一观点：在没有产品科技和消费行为变革的情况下，家居建材行业的渠道流通化可能是我们的最后一块蛋糕。与其穷尽所能去完善产品的细节，不如去将自己的营销模式和渠道进行创造性革命，这来得更加直接和快速。

三、实现成本和利润的分享

曾经有一个比喻：对企业进行改革，就像是为一辆高速行驶的汽车更换轮胎，原则是汽车不能停，轮胎还要换好。甚至一些管理者对更换轮胎过程中汽车的任何减速都无法容忍。这虽然有些不近人情但是可以理解，毕竟企业处在复杂的竞争环境中，任何的松懈都可能导致无法估量的后果，而且企业的使命是利益最大化，而不是哪一个具体的改革是否成功。所以流通化的变革一开始就面临着荆棘之路，面对内部经营和外部环境的压力，企业在变革和升级的过程中总觉得有些力不从心。

1. 竞合与舍得的哲学

1996 年，博弈理论与实务专家布兰登博格（Adam M. Brandenburger）和奈勒波夫（Barry J. Nalebuff）通过《竞合战略》一书提出了竞合战略这一理论。该理论指出，创造价值的本质是合作的过程，争取价值的本质是竞争的过程。竞合战略理论在思维理念层面给予我们最大的启示就是它提出了互补者（Complementor）的概念，如图 6-5 所示。

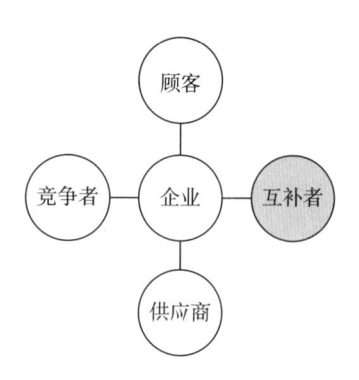

图 6-5 互补者概念

传统非黑即白的思维模式会让人们形成一个误解：不是朋友，那就是敌人。这会错误引导我们对企业经营环境的识别过度简单化，即朋友＝顾客＋供应商，敌人＝竞争者。世界大体上却是灰色的，这种过度简单化的思维会放大企业经营环境的严酷程度，将某些互补者定义成了竞争者，从而使得企业处于一个非常孤立的状态，丧失了很多发展的机遇和资源。

"互补者"身份的提出，使我们可以分辨出一些非敌非友的角色，他们拥有的优势和资源完全可以为我所用，实现"非零和博弈"，甚至从竞争对手中也可以分离出大量的"互补者"，实现长期相互依存，共同进步，谋求长久的竞争环境和稳定的市场份额。如果企业长期实行"零和博弈"的对抗性竞争策略，其主要精力放在了处处提防竞争对手方面，造成资源和时间的浪费，而实行合作则可以缓解激烈的对抗性竞争对企业的冲击，由于减少了因对抗性而产生的资源浪费，企业间可以产生联合的最大化垄断利润，使社会财富增加。在实施合作的行业竞争战略时，可以形成行业壁垒，防止新的竞争者进入，缓解竞争的激烈程度。

成功实现竞合的企业数不胜数，仅仅在卫浴行业我们就可以看到最典型的案例。众所周知表面上看起来是一个整体的卫浴行业事实上被分为陶瓷、五金、家具和玻璃，也就是我们在建材市场上看到的马桶、浴缸和台盆、水龙头和花洒、浴柜和台盆柜以及淋浴房。这几个卫浴细分品类的原材料、核心技术、生产制造、供应商各不相同，但是面对的顾客却是一个共同的群体，也就具备了竞合的基础条件，所以我们会看到一些大品牌会同时经营这几类产品。我们很难想象一个专注于陶瓷产品的品牌在五金产品上仅仅靠自身的单打独斗就能拥有更加先进的优势，无外乎是在行业内进行了互补性的联合而已。这种仅仅在产品线上的互补性竞合还处于一个非常初级的阶段，面对相同的目标市场和消费者，在营销层面他们的竞争大于合作，还无法实现竞合最优化的目标，也是整体卫浴的模式举步维艰的原因之一。

如果我们从中国传统文化中去汲取营养，就会发现这个"竞合"的概念并不是什么新鲜的概念，中国"舍得"的思想传统早就为我们奠定了的理念基础，只是我们没有更好地去应用而已。对于一个企业，如果期望和互补者甚至竞争者实现竞合，首先需要割舍一部分利益，而割舍利益却是十分痛苦的。相对于侵入壁垒比较高的产品合作，很少有企业愿意和他人进行产品流通渠道的合作，结果就是每个相同产品的企业都各自拥有模式类似的分销渠道，企业渠道之间也是打打杀杀、斗争不已。与此相反，在渠道层面，经销商的思维却比较开放，当他们成功经营一个产品的营销之后，不自觉地就会通过引入类似品类的产品和品牌来扩大自己的经营范围，在事实上已经实现了"竞合"的操作。这种行为通常被品牌厂商认为是一种背叛行为而不能容忍，却也很难改变，这就是落后的封闭思维的体现。

如果我们承认渠道的流通化升级通过一个企业的单打独斗很难实现，通过家居建材行业内的"营销竞合"来实现资源和模式的互补可能就是最好的捷径。这就需要企业经营者们拥有开放的心态，将各自的营销优势和资源进行互补性整合，实现流通化的渠道模式并形成更加全面的渠道规模就不是什么难事。

舍得舍得，有舍才有得，千万不要重复汽车行业先辈老福特的老路，没有人是上帝，不可能垄断所有的资源。分享才是当代企业发展的方向，相对于产品，营销有些落后了。

2. 系统可以生钱

在商业模式大变革的今天，企业经营者的思维也在经历着前所未有冲击。按照传统的思维，我们干一件事，就要从中获取收益，这是天经地义的，赔钱的事没人干，然而新模式下的商业思维改变了。

"共享单车"是 2017 年最火的商业现象，客观上它为人们最后一公里的出行提供的便利而饱受赞扬，而主观上的商业模式也被津津乐道，这里面最让人费解的现象就是共享单车经营者对大量单车损坏、丢失和政策壁垒的无动于衷。按照传统的物质性思维，单车是该商业模式的核心和承载体，大量单车的损坏丢失等同于产品的损坏和巨额的成本，应该会被极度重视，然而经营方的言论却是：①即使我 60%的单车损坏了也没关系，其造成了社会影响远大于需要投入的广告成本；②那一两元的单车租金微不足道，而几百元的押金形成的"资金池"才是诱人的；③如果人们形成了骑共享单车的消费习惯，政策的羁绊便不是什么问题。

共享单车的商业模式绝对是传统理论无法解释的，如：①其资金池形成的金融机会，就像一个银行和投资公司；②产品损害成本相对于可能的巨大广告投入；③简单计算一下，单车一两元的租车收入乘以消费频次会形成一个多么大的行业规模。这就是通过商业模式的系统产生财富，而不是产品本身。

■ 四、流通也是生产力

1. 忽视流通：汉武帝的遗憾

强汉盛唐，一直被国人津津乐道，汉武帝的却匈奴千里，封狼居胥的功绩到今天一直使国人兴奋不已，然而汉武帝晚年却因为穷兵黩武造成的国力疲敝下了罪己诏，也就是否认了自己开疆扩土的业绩，原因为何？大家都明白：兵马未动、粮草先行，汉武帝北击匈奴需要建立在强大后勤的基础上。据史实记载，在当初的生产力条件下，每向军队供应一担粮食，其后勤运输需要消耗十倍甚至二十倍的粮食，虽然汉武帝取得了骄人的战绩，但是其后勤供应的成本却是处于农业社会的汉王朝无法承受的，因为需要支付巨大战争成本，弄得民生凋零，国家疲敝，险些重蹈秦王朝穷兵黩武的覆辙，所以汉武帝本人也因此下罪己诏向国家和人民道歉，并警告后世子孙不要再做此等傻事。后来史学家翦伯赞有诗评价："汉武雄图载史篇，长城万里遍烽烟。何如一曲琵琶好，鸣镝无声五十年"。

当然我们不能要求祖先们能在二千年前的汉朝就对物流和流通有着先见之明，但是有一点可以明确，汉武帝时代的汉王朝，国力不可谓不强盛、军队不可谓不精锐、将领不可谓不优秀、功绩不可谓不辉煌，然而最后却在流通上栽了跟头，也就是说按照商业规律，汉朝伐匈奴在商业成本效益的角度上是得不偿失的。还好汉武帝能够适时悬崖勒马，纠正了政策。汉武帝虽然没有上过什么MBA管理和营销的课程，但是他能及时发现问题的根源，并具有前瞻性地改正了错误，也还算一位伟大的皇帝。

汉武帝通过强大的国家机器，置市场规律于不顾的北伐，在物流运输的商业价值层面是不成功的。虽然他看到了当时汉王朝强大的国力，却没有认识到这个国力在当时的生产力条件下，在经历流通环节的价值链操作以后的衰减程度。如果我们将为大汉军队供应粮食的后勤人员比喻为经销商的话，那么他们为北伐军队的供应在商业规律下的商流、物流、财流均是不划算的，也是不能长久的，后继乏力是必然的。

汉武帝给我们当代企业经营者一个非常有价值的启示：流通也是生产力的一部分，这一环节的缺陷不仅不能增强企业的实力，反而会对生产和营销起副作用，从而抵消企业既有的优势。换个角度说，无论你的工厂有多么先进、产品有多么精湛、营销有多么优秀，如果你的流通无法让商品高效、顺畅地到达消费者手里，一切都等于零。

2. 生产和需求之间的价值实现

商界有一句格言："古有陶朱公，今有胡雪岩。"这二位均是中国商业的先贤。这里来看看他们的成功经验能为我们提供什么借鉴。

陶朱公，即范蠡，越王勾践的丞相、中国商人的鼻祖。他晚年总结自己的成功之道如下："夏则资皮、冬则资絺、旱则资舟、水则资车，以待乏也。"说白了这就是"囤积居奇"，自古以来一直被我们所不齿的行为，因为他不事生产，只是将产品转移一个时空后再高价出售来获利，多少有些趁火打劫的嫌疑。

作为红顶商人的胡雪岩，事业的第一桶金是贩卖粮食。他所处的正是清王朝处于太平天国战乱的时代，粮食成了第一稀缺资源。这倒不是当时的粮食数量不够吃，而是因为战乱阻断了的粮食流通的渠道，造成战场局部的军粮匮乏。胡雪岩就是看中了这个时机贩运粮食，他通过与官府勾结打通流通渠道，将产粮区的粮食贩运到前线获利，而且他的客户不仅仅是清朝军队，还包括太平军的队伍。在战争这一特殊的条件下，他的利润率绝对是让所有人都垂涎的。

以上两位的成功均是在流通层面做的文章。陶朱公在中国农业社会早期就认识到流通也产生价值，并在时间层面上对商品进行了配置；胡雪岩洞察到战争对交通的阻隔，在空间上对商品进行了转移。他们都拥有一个共同的思想：**商品配置的价值有时候会大于商品本身，而商品和合理配置一定是通过增值流通来完成的。这里面流通的定义绝对不是商品的销售、运输这么简单，还包括生产、库存、结算、信息、推广等一系列的商业行为。**

按照商业规律，企业生产的产品一定要通过满足市场需求才能实现其价值，这中间的各个环节都可被归为流通的领域。所以静态的商品和需求都是没有意义的，它们只有在流通渠道中动起来才能实现真正的价值。我们也可以称其为**商业流通的基本规律**。

■ 五、全流通和厂商一体化

在本章，笔者耗费了大量的篇幅去论述流通的意义，目的就是想解释一个原理：在家居建材乃至其他类似行业中，在供大于求的大市场环境下，通过产品和营销方面修修补补的工作已经很难实现本质的突破了，只有将从产品研发到市场营销之间的各个环节到造成一个系统化的流通系统，才是寻求行业商业模式升级，继而实现整体产业革命的最直接的途径。

1. 以全流通为核心的营销系统

先让我们做一个比喻，假如我们将从生产到营销的整体过程比喻为一杆枪的话，那么营销就是前权（枪尖）、生产就是后劲（枪鑽）、流通就是中坚（枪杆），这样三位一体的"枪扎一条线"，可以形成有力的刺杀而克敌制胜。然而现实的状况却不是这样，重复产能的过剩加之过度的低水平营销，将前权和后劲不正常地放大形成了一个哑铃的形状，不仅发力困难且薄弱的流通中坚反而可能会造成整个长枪的折断，如此强大的前权和后劲都是无意义的。

以上的比喻和分析就是想告诉大家，流通体系的薄弱确实会造成整个生产、营销体系的崩塌。无流通，营销也无意义。所以以家居建材产品的特性为起点，沿着产品研发、生产制造、渠道分销、终端营销、市场需求应当形成一个以全流通为脉络的循环系统，在这系统里面，工厂、经销商、店面、顾客都是其中一分子，如图6-6所示。

笔者并不认为这个模型是什么创举，只是在我们目前认知的基础上将某些重要的方面强调了一下：

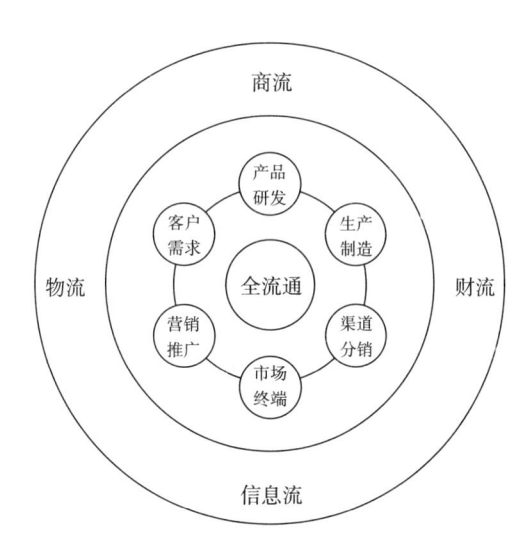

图6-6 以全流通为脉络的循环系统

1）这个系统的核心不再以营销或者产品为核心，而是围着流通来循环的，这是基于目前家居建材行业面临的生产和营销的具体问题提出的。

2）将"三流"分立出来，并特别加上了信息流，这也是最容易被忽视的。

3）将我们传统认识的从产品到客户需求的各个环节进行统一化处理形成一个循环，也就是流通环，完整地解决了各个环节之间的矛盾，所有单立的环节均需要为流通服务。

4）在全流通的大前提下，真正实现厂、商、客一体化。

2. 全流通系统的本质和意义

全流通概念的引入，将目前家居建材行业内以营销或者生产为核心的两种经营模式进行了动态的统一，其主要思想是：

1）工厂层面：将相对静态的产品生产环节纳入动态的流通循环，也就是将那堵"心中的围墙"推倒，让工厂以更加开放的状态面对渠道和市场，以期解决以往工厂与渠道和营销脱节的问题。

2）营销层面：改变市场营销单纯以"将商品卖出去"为主导的狭隘思维，事实上营销只是流通循环的一个推动力而已，对市场的商品供给才是商务工作的本质基础。

3）渠道层面：改变目前分销渠道相对实力薄弱、环节多、水平低的现状，通过向全流通模式的升级实现分销渠道的专业化、现代化的目标。

引入这个概念，主要目的是改变目前家居建材行业产能和营销双过剩的不良状态。在产品方面，生产的数量庞大但技术和设计水平还处于较低的层次。基于目前的产业水平，要想实现本质的升级，需要依靠大量的研发资金投入和外部整体工业水平的提升，在短期内很难实现。

在营销方面，和产品生产问题的本质相同，即低水平的重复，甚至更加简化到仅仅是"广告+促销"的模式。如果消费市场的成熟度、营销和管理人员的基本素质尚不能在短时间内有大改观的情况下，寄期望于市场营销能有什么本质的革命是不现实的。

这种现实就如图6-7中的哑铃型，两边大中间小，分销渠道"细"且"长"，也就是渠道环节多，功能单一，这个瓶颈正在制约行业整体的发展。

图6-7 哑铃型渠道

所以，比较切实可行的措施不是产品和营销的强化，而是对分销渠道的流通化改造，继而将上下游的产生和营销统一到全流通的模式下，也就是全流通模式下的厂商一体化。

3. 实现全流通的要点

实现全流通，关键在于对分销渠道的改造，继而带动生产和营销的变革，需要做的事情在前面全流通的模型里已经体现。

（1）商流革命。

将库存和营销压力一味地压向渠道是不对的，在渠道的运营能力有限的情况下只会造成"渠道堵塞"。表面上看似问题暂时解决了，结果还是需要厂商和经销商共同买单，最后还是"零和博弈"。解决此问题的关键在于厂商关系的调整。本质上看，厂商和经销商之间的矛盾就是产能消化和产品品质的问题，因为工厂的生产游离于商品流通的边缘，它的阶段性的产能过剩让下游的经销商买单是不合理的，以渠道库存来压迫经销商发挥潜能去实现跨越式的销售成果必然不长久，"以销定产"才是根本的解决之道。

实现"以销定产"并不容易，这需要经销商们和厂家之间在理念共识、信息交流、物流操作、责权利对等方面建立新型的关系模式。

首先，厂商和经销商都需要明白一件事，大家不再是买与卖的竞争大于合作的贸易关系，而是彼此合作的利益共同体关系，这是思想基础。

其次，消除狭隘的局部利益思维，建立标准、科学、实用的信息沟通平台和模式，将经销商和厂商紧密结合在一起。这并不难，一个开放的订单、物流、管理等信息沟通软件（类似 ERP \ MIS）就可以解决很多管理维度上的羁绊，关键是厂商愿不愿意给经销商开发，经销商愿不愿意使用。这只是操作模式，是基于上面第一点共识的基础上的。

最后，有了良好的信息沟通系统，在营销上共进退的同步效应就可以实现。营销资源的共享和配置、对市场信息的反应、营销的管理、冲突的解决都不是太大的问题。

(2) 物流革命。

基于商流革命的大前提,在产品运输、仓储、分拨、回收等方面的物流操作就顺理成章了。将工厂、渠道和终端库存最优化,并据此来引导工厂未来的生产和销售部门未来的营销策略为不二之选。此工作细节的操作在这里不再重复,读者看看那些专业的快递、物流、超市等行业的运作模式就会明白。

(3) 财流革命。

财务的流通在操作层面相对比较容易,然而关键点又回到了厂商关系层面,就是商品和现金的借贷关系,也是老板们最纠结的问题。在目前中国大的商业环境下,笔者没有更多的建设性意见可以提出,只是希望徒劳无益的讨价还价能够少一些,一旦规则和契约成立,大家照做就可以了。

(4) 信息流革命。

事实上上面三个环节都包含信息流的成分,笔者还是愿意将其拿出来作为单独的因素。事实上厂商和经销商之间稳定的信息沟通渠道并不多,除了定期的经销商会议、订单联络和区域经理的渠道工作以外,其他常态化的信息沟通很少。

在微信大行其道的今天,经销商和厂商相关人员形成不同群体、形式的微信群本是一个最简便的信息交流方式,然而很多厂商却非常惧怕它,本着"好事不出门,坏事传千里"的想法,最后此类微信群往往成了经销商之间吐槽厂家最好的平台。负能量慢慢地叠加,厂家焉能不怕?本着"多一事不如少一事"的心理,他们觉得传统低效率、不对称的单向沟通方式更加放心。应该说渠道的信息沟通还处于非常原始、随意的状态。

以微信群为代表的自发性信息沟通渠道本质上是标准、有序的沟通方式缺位产生的结果,并不能否定高效的信息沟通平台的作用,与此相反，制定好信息沟通的规范和模式，使信息交换渠道能够有序的、正面的运作才是更好的方式，如：①厂商向渠道提供每月信息通报，包含行业动态、新品研发、促销政策、管理制度、营销指导等；②经销商向厂商的市场信息通报，可以形成标准的报告格式，如市场状况、竞品动态、质量反馈等；③培训知识分享，向渠道常态化地发布产品知识、营销技巧、管理方略、成功案例等信息。

　　在电子媒体和通信手段如此发达的今天，以上的措施都不是什么难事，只是有没有意识去做，是否愿意坚持而已。

建材家居营销：除了促销还能做什么

写在后面：
"革命尚未成功，同志仍须努力"

衣食住行是人类生存的四大基本刚性需求，从一次性消费的金额来看，满足住的需求则是最大的一笔开支。在住的需求里，装修则是每个家庭安居乐业必经的过程，也和每个人的生活质量息息相关。无论是古代的王公贵族，还是现在的大款富豪，抑或是平头百姓，都需要对自己的家进行装饰，这是人类的本性，那么家居建材行业理论上应该是一个稳赚不赔、可长期存在的生意。

实事并非如此，不促不销、产能过剩、事故频出、口碑低下等负面因素却成为行业的常态。甲醛、辐射、污染、劣质等词汇也成为行业和消费者的梦魇。作为行业从业者，不得不随时为利润率、销量和原材料头痛不已；作为消费者一提到装修，第一反应不是欣喜，而是头疼。难怪有一个段子说："如果你恨谁，就让他去装修。"这里面一定存在一个悖论需要我们认认真真地去思考和解决。

即使去除了工程建材的部分，剩下的装饰建材的蛋糕也是不小的一块，而且家居建材关乎千家万户的生活，其社会和经济影响力是不容小觑的。难怪行业内一位资深人士说："我们的这个行业不大（谦虚的说法），动静却不小。"这句话一方面是揭示了我们行业的影响力，也从另一角度涉及了行业营销的现状——动静问题。这个"动静"很大程度上指的就是营销。家居建材行业营销未来的发展方向还处于一片迷雾之中,让我们看不清,理还乱,什么时候我们能够拨云见日,解决行业和市场之间的悖论,化干戈为玉帛、握手言欢呢?

一般意义上,论述和分析一个问题需要包含提出问题、分析问题、解决问题三个部分。因为家居建材行业乃至整个营销环境还处于一个剧烈的变革期,现在去寻求唯一的标准答案不仅困难而且也完全没有必要。"条条大路通罗马",攀登珠穆朗玛峰从南坡北坡都可以,现在还是广大业内人士百花齐放、百家争鸣共同探索未来路径的阶段。

基于以上理由,本书的主要指导思想还是集中于提出问题和分析问题,并为广大读者留下了充足的空间,结合自己的实际工作去思考如何解决问题。不过在发掘解决问题的操作方法的时候,这里还是给大家提出一些建议和原则。如果这些建议能为您在家居建材行业内的事业提供一点点帮助和启发,我的目标也就达成了。

跑马圈地的时代一去不复返了。请将大脑归零,暂时忘记您前几十年的成功经验和美好时光。过去二十几年中一个个的营销神话在今天已经无法复制,其模式则更加不适用。尤其在市场营销层面,铺天盖地的广告加无休止促销的模式必须被改变,这不以人的意志为转移。

营销是个辛苦活。如果您感觉现在的营销工作很轻松简单的话,那一定是某些方面出了问题,尤其是发现某个打法百试百灵的话,那问题就更加严重。市场营销一定是个综合性的工作,它覆盖了人文、自然、社会、信息等诸多方面,且里面的内涵也是包罗万象,建议不要再去浪费时间寻找"万能钥匙"了,还是踏踏实实做好每一个应该做的细节工作,自然会有成效。笔者有一句口头禅:"只要去做了,就一定会有成果。"

面对家居建材业产大于求的现状和由此引起的营销泛滥,加之外部环境中营销模式转型升级大潮形成的压力也是步步紧逼，行业内的各位老板们，我们已经处于"前有狼后有虎"的境地了，您是否找到了应对的策略，抑或感觉安于现状也是不错的选择？

不过有一点是可以肯定的，即革命就会有牺牲。在客观和主观双重因素形成的这场变革中，一定会有大量的工厂和经销商会被淘汰，这也是没有办法的事。要么就去改变，要么就被改变，事实上任何的产业转型阶段也都是有准备的企业"弯道超车"的好机会。主动去改变您固有的经营思维，利用过去积攒下来的经验和实力，去苦练内功，强壮自己的体魄，以应对各种挑战，否则就会面临被淘汰的风险。

拥有高超的销售技巧，能将任何商品通过自己之手卖出去，一直是营销人员最希望拥有的能力，也能获得最大的成功和满足感，然而现实是销售技巧的作用被严重高估了。销售技巧的本质无外乎就是一种销售员和顾客之间恰当的沟通手段而已，并不是什么灵丹妙药。将"冰卖给因纽特人"的销售技巧理论早已经被认为是一种欺骗行为，但却还被我们一些不成熟的营销人员视为经典，或者被一些别有用心的人用来忽悠销售员。这里笔者并不是想否定销售技巧的作用，只是想告诉大家，这个技巧的实践永远没有我们想象的那么强大。如果我们将商品成交比拟为一次成功的化学反应的话，销售不过是反应过程中的催化剂，真正决定反应成功的是化学品本身，不是催化剂。

家是个永恒的主题。消费者无论是购买房子还是装修，其追求的终极目标是"一个安全、健康、温暖、舒适、美丽的家"，请各位从业者一定要时时刻刻谨记这一点。购买家居建材产品和装修施工服务，不过是消费者实现这一目标过程中的一个环节而已。建议我们能够扩展视角、通过换位思考去看待顾客的购买行为，也许就能理解顾客很多行为，毕竟他们对家的态度和感受是卖方很难在短时间内感受到的，除非你真正掌握了他的深度需求，但这是需要一定功力和客观条件的。

"天不变，则道亦不变"，只要人的本性没有改变，则人对家庭和居住的需求就不会改变，家居建材行业就永远不会成为一个夕阳产业，这一点笔者是有极大信心的，也希望大家不要灰心。无论是我们的行业还是中国大的经济环境都处于一个激烈变革的时代，不变的永远是改变。当我们感觉到因为面临发展而有些困惑或者力不从心的时候，就到了该变革的时候了。无论是产品、渠道、还是营销，当我们发现了问题并洞察了问题的根源以后，解决问题的方法并不是什么高深的学问，只是需要我们能够以科学的态度将问题进行细分，然后兢兢业业地去解决每一个细节问题，成果就一定会让你吃惊，毕竟万里长城也是由一块块砖垒起来的。

多说一句，将产品、渠道、营销三位一体的打造成以商流、物流、财流为核心的新型流通模式，可能是家居建材行业最便捷的、最直接的途径。

推荐作者得新书!

博瑞森征稿启事

亲爱的读者朋友:

感谢您选择了博瑞森图书!希望您手中的这本书能给您带来实实在在的帮助!

博瑞森一直致力于发掘好作者、好内容,希望能把您最需要的思想、方法,一字一句地交到您手中,成为管理知识与管理实践的桥梁。

但是我们也知道,有很多深入企业一线、经验丰富、乐于分享的优秀专家,或者忙于实战没时间,或者缺少专业的写作指导和便捷的出版途径,只能茫然以待……

还有很多在竞争大潮中坚守的企业,有着异常宝贵的实践经验和独特的洞察,但缺少专业的记录和整理者,无法让企业的经验和故事被更多的人了解、学习……

对读者而言,这些都太遗憾了!

博瑞森非常希望能将这些埋藏的"宝藏"发掘出来,贡献给广大读者,让更多的人从中受益。

所以,我们真心地邀请您,我们的老读者,帮我们搜寻:

推荐作者

可以是您自己或您的朋友,只要对本土管理有实践、有思考;可以是您通过网络、杂志、书籍或其他途径了解的某位专家,不管名气大小,只要他的思想和方法曾让您深受启发。

可以是管理类作品,也可以超出管理,各类优秀的社科作品或学术作品。

推荐企业

可以是您自己所在的企业,或者是您熟悉的某家企业,其创业过程、运营经历、产品研发、机制创新,等等。无论企业大小,只要乐于分享、有值得借鉴书写之处。

总之,好内容就是一切!

博瑞森绝非"自费出书",出版费用完全由我们承担。您推荐的作者或企业案例一经采用,我们会立刻向您赠送书币 1000 元,可直接换取任何博瑞森图书的纸书或电子书。

感谢您对本土管理原创、博瑞森图书的支持!

推荐投稿邮箱:bookgood@126.com   推荐手机:13611149991

1120 本土管理实践与创新论坛

这是由100多位本土管理专家联合创立的企业管理实践学术交流组织,旨在孵化本土管理思想、促进企业管理实践、加强专家间交流与协作。

论坛每年集中力量办好两件大事:第一,"**出一本书**",汇聚一年的思考和实践,把最原创、最前沿、最实战的内容集结成册,贡献给读者;第二,"**办一次会**",每年11月20日本土管理专家们汇聚一堂,碰撞思想、研讨案例、交流切磋、回馈社会。

论坛理事名单(以年龄为序,以示传承之意)
首届常务理事:

彭志雄　曾　伟　施　炜　杨　涛　张学军
郭　晓　程绍珊　胡八一　王祥伍　李志华
陈立云　杨永华

理　　事:

卢根鑫	王铁仁	周荣辉	曾令同	陆和平	宋杼宸	张国祥
刘承元	曹子祥	宋新宇	吴越舟	吴　坚	戴欣明	仲昭川
刘春雄	刘祖轲	段继东	何　慕	秦国伟	贺兵一	张小虎
郭　剑	余晓雷	黄中强	朱玉童	沈　坤	阎立忠	张　进
丁兴良	朱仁健	薛宝峰	史贤龙	卢　强	史幼波	叶敦明
王明胤	陈　明	岑立聪	方　刚	何足奇	周　俊	杨　奕
孙行健	孙嘉晖	张东利	郭富才	叶　宁	何　屹	沈　奎
王　超	马宝琳	谭长春	夏惊鸣	张　博	李洪道	胡浪球
孙　波	唐江华	程　翔	刘红明	杨鸿贵	伯建新	高可为
李　蕾	王春强	孔祥云	贾同领	罗宏文	史立臣	李政权
余　盛	陈小龙	尚　锋	邢　雷	余伟辉	李小勇	全怀周
初勇钢	陈　锐	高继中	聂志新	黄　屹	沈　拓	徐伟泽
谭洪华	崔自三	王玉荣	蒋　军	侯军伟	黄润霖	金国华
吴　之	葛新红	周　剑	崔海鹏	柏　龑	唐道明	朱志明
曲宗恺	杜　忠	远　鸣	范月明	刘文新	赵晓萌	张　伟
韩　旭	韩友诚	熊亚柱	孙彩军	刘　雷	王庆云	李少星
俞士耀	丁　昀	黄　磊	罗晓慧	伏泓霖	梁小平	鄢圣安

企业案例·老板传记

书名. 作者	内容/特色	读者价值
你不知道的加多宝：原市场部高管讲述 曲宗恺　牛玮娜　著	前加多宝高管解读加多宝	全景式解读，原汁原味
借力咨询：德邦成长背后的秘密 官同良　王祥伍　著	讲述德邦是如何借助咨询公司的力量进行自身与发展的	来自德邦内部的第一线资料，真实、珍贵，令人受益匪浅
收购后怎样有效整合：一个重工业收购整合实录（待出版） 李少星　著	讲述企业并购后的事	语言轻松活泼，对并购后的企业有借鉴作用
娃哈哈区域标杆：豫北市场营销实录 罗宏文　赵晓萌　等著	本书从区域的角度来写娃哈哈河南分公司豫北市场是怎么进行区域市场营销，成为娃哈哈全国第一大市场、全国增量第一高市场的一些操作方法	参考性、指导性，一线真实资料
六个核桃凭什么：从0过100亿 张学军　著	首部全面揭秘养元六个核桃裂变式成长的巨著	学习优秀企业的成长路径，了解其背后的理论体系
像六个核桃一样：打造畅销品的36个简明法则 王超　范萍　著	本书分上下两篇：包括"六个核桃"的营销战略历程和36条畅销法则	知名企业的战略历程极具参考价值，36条法则提供操作方法
解决方案营销实战案例 刘祖轲　著	用10个真实案例讲明白什么是工业品的解决方案式营销，实战、实用	有干货，真正操作过的才能写得出来
招招见销量的营销常识 刘文新　著	如何让每一个营销动作都直指销量	适合中小企业，看了就能用
我们的营销真案例 联纵智达研究院　著	五芳斋粽子从区域到全国/诺贝尔瓷砖门店销量提升/利豪家具出口转内销/汤臣倍健的营销模式	选择的案例都很有代表性，实在、实操！
中国营销战实录：令人拍案叫绝的营销真案例 联纵智达　著	51个案例，42家企业，38万字，18年，累计2000余人次参与……	最真实的营销案例，全是一线记录，开阔眼界
双剑破局：沈坤营销策划案例集 沈坤　著	双剑公司多年来的精选案例解析集，阐述了项目策划中每一个营销策略的诞生过程，策划角度和方法	一线真实案例，与众不同的策划角度令人拍案叫绝、受益匪浅
宗：一位制造业企业家的思考 杨涛　著	1993年创业，引领企业平稳发展20多年，分享独到的心得体会	难得的一本老板分享经验的书
简单思考：AMT咨询创始人自述 孔祥云　著	著名咨询公司（AMT）CEO创业历程中点点滴滴的经验与思考	每一位咨询人，每一位创业者和管理经营者，都值得一读
边干边学做老板 黄中强　著	创业20多年的老板，有经验、能写、又愿意分享，这样的书很少	处处共鸣，帮助中小企业老板少走弯路
三四线城市超市如何快速成长：解密甘雨亭 IBMG国际商业管理集团　著	国内外标杆企业的经验+本土实践量化数据+操作步骤、方法	通俗易懂，行业经验丰富，宝贵的行业量化数据，关键思路和步骤
中国首家未来超市：解密安徽乐城 IBMG国际商业管理集团　著	本书深入挖掘了安徽乐城超市的试验案例，为零售企业未来的发展提供了一条可借鉴之路	通俗易懂，行业经验丰富，宝贵的行业量化数据，关键思路和步骤

续表

互联网+

书名、作者	内容/特色	读者价值
互联网时代的银行转型 韩友诚 著	以大量案例形式为读者全面展示和分析了银行的互联网金融转型应对之道	结合本土银行转型发展案例的书籍
正在发生的转型升级·实践 本土管理实践与创新论坛 著	企业在快速变革期所展现出的管理变革新成果、新方法、新案例	重点突出对于未来企业管理相关领域的趋势研判
触发需求:互联网新营销样本·水产 何足奇 著	传统产业都在苦闷中挣扎前行,本书通过鲜活的案例告诉你如何以需求链整合供应链,从而把大家熟知的传统行业打碎了重构、重做一遍	全是干货,值得细读学习,并且作者的理论已经经过了他亲自操刀的实践检验,效果惊人,就在书中全景展示
移动互联新玩法:未来商业的格局和趋势 史贤龙 著	传统商业、电商、移动互联,三个世界并存,这种新格局的玩法一定要懂	看清热点的本质,把握行业先机,一本书搞定移动互联网
微商生意经:真实再现33个成功案例操作全程 伏泓霖 罗晓慧 著	本书为33个真实案例,分享案例主人公在做微商过程中的经验教训	案例真实,有借鉴意义
阿里巴巴实战运营——14招玩转诚信通 聂志新 著	本书主要介绍阿里巴巴诚信通的十四个基本推广操作,从而帮助使用诚信通的用户及企业更好地提升业绩	基本操作,很多可以边学边用,简单易学
今后这样做品牌:移动互联时代的品牌营销策略 蒋军 著	与移动互联紧密结合,告诉你老方法还能不能用,新方法怎么用	今后这样做品牌就对了
互联网+"变"与"不变":本土管理实践与创新论坛集萃.2016 本土管理实践与创新论坛 著	本土管理领域正在产生自己独特的理论和模式,尤其在移动互联时代,有很多新课题需要本土专家们一起研究	帮助读者拓宽眼界、突破思维
创造增量市场:传统企业互联网转型之道 刘红明 著	传统企业需要用互联网思维去创造增量,而不是用电子商务去转移传统业务的存量	教你怎么在"互联网+"的海洋中创造实实在在的增量
重生战略:移动互联网和大数据时代的转型法则 沈拓 著	在移动互联网和大数据时代,传统企业转型如同生命体打算与再造,称之为"重生战略"	帮助企业认清移动互联网环境下的变化和应对之道
画出公司的互联网进化路线图:用互联网思维重塑产品、客户和价值 李蓓 著	18个问题帮助企业一步步梳理出互联网转型思路	思路清晰、案例丰富,非常有启发性
7个转变,让公司3年胜出 李蓓 著	消费者主权时代,企业该怎么办	这就是互联网思维,老板有能这样想,肯定倒不了
跳出同质思维,从跟随到领先 郭剑 著	66个精彩案例剖析,帮助老板突破行业长期思维惯性	做企业竟然有这么多玩法,开眼界

续表

行业类：零售、白酒、食品/快消品、农业、医药、建材家居等

	书名．作者	内容/特色	读者价值
零售·超市·餐饮·服装	1. 总部有多强大，门店就能走多远 2. 超市卖场定价策略与品类管理 3. 连锁零售企业招聘与培训破解之道 4. 中国首家未来超市：解密安徽乐城 5. 三四线城市超市如何快速成长：解密甘雨亭 IBMG 国际商业管理集团　著	国内外标杆企业的经验＋本土实践量化数据＋操作步骤、方法	通俗易懂，行业经验丰富，宝贵的行业量化数据，关键思路和步骤
	涨价也能卖到翻 村松达夫【日】	提升客单价的 15 种实用、有效的方法	日本企业在这方面非常值得学习和借鉴
	移动互联下的超市升级 联商网专栏频道　著	深度解析超市转型升级重点	帮助零售企业把握全局、看清方向
	手把手教你做专业督导：专卖店、连锁店 熊亚柱　著	从督导的职能、作用，在工作中需要的专业技能、方法，都提供了详细的解读和训练办法，同时附有大量的表单工具	无论是店铺需要统一培训，还是个人想成为优秀的督导，有这一本就够了
	百货零售全渠道营销策略 陈继展　著	没有照本宣科、说教式的絮叨，只有笔者对行业的认知与理解，庖丁解牛式的逐项解析、展开	通俗易懂，花极少的时间快速掌握该领域的知识及趋势
	零售：把客流变成购买力 丁　昀　著	如何通过不断升级产品和体验式服务来经营客流	如何进行体验营销，国外的好经营，这方面有启发
	餐饮企业经营策略第一书 吴　坚　著	分别从产品、顾客、市场、盈利模式等几个方面，对现阶段餐饮企业的发展提出策略和思路	第一本专业的、高端的餐饮企业经营指导书
	电影院的下一个黄金十年：开发·差异化·案例 李保煜　著	对目前电影院市场存大的问题及如何解决进行了探讨与解读	多角度了解电影院运营方式及代表性案例
	赚不赚钱靠店长：从懂管理到会经营 孙彩军　著	通过生动的案例来进行剖析，注重门店管理细节方面的能力提升	帮助终端门店店长在管理门店的过程中实现经营思路的拓展与突破
耐消品	汽车配件这样卖：汽车后市场销售秘诀 100 条 俞土耀　著	汽配销售业务员必读，手把手教授最实用的方法，轻松得来好业绩	快速上岗，专业实效，业绩无忧
	跟行业老手学经销商开发与管理：家电、耐消品、建材家居 黄润霖　著	全部来源于经销商管理的一线问题，作者用丰富的经验将每一个问题落实到最便捷快速的操作方法上去	书中每一个问题都是普通营销人亲口提出的，这些问题你也会遇到，作者进行的解答则精彩实用
白酒	白酒到底如何卖 赵海永　著	以市场实战为主，多层次、全方位、多角度地阐释了白酒一线市场操作的最新模式和方法，接地气	实操性强，37 个方法、6 大案例帮你成功卖酒
	变局下的白酒企业重构 杨永华　著	帮助白酒企业从产业视角看清趋势，找准位置，实现弯道超车的书	行业内企业要减少 90%，自己在什么位置，怎么做，都清楚了

续表

白酒	1. 白酒营销的第一本书（升级版） 2. 白酒经销商的第一本书 唐江华 著	华泽集团湖南开口笑公司品牌部长，擅长酒类新品推广、新市场拓展	扎根一线，实战
	区域型白酒企业营销必胜法则 朱志明 著	为区域型白酒企业提供35条必胜法则，在竞争中赢销的葵花宝典	丰富的一线经验和深厚积累，实操实用
	10步成功运作白酒区域市场 朱志明 著	白酒区域操盘者必备，掌握区域市场运作的战略、战术、兵法	在区域市场的攻伐防守中运筹帷幄，立于不败之地
	酒业转型大时代：微酒精选2014—2015 微酒 主编	本书分为五个部分：当年大事件、那些酒业营销工具、微酒独立策划、业内大调查和十大经典案例	了解行业新动态、新观点，学习营销方法
快消品·食品	5小时读懂快消品营销：中国快消品案例观察 陈海超 著	多年营销经验的一线老手把案例掰开了、揉碎了，从中得出的各种手段和方法给读者以帮助和启发	营销那些事儿的个中秘辛，求人还不一定告诉你，这本书里就有
	快消品招商的第一本书：从入门到精通 刘雷 著	深入浅出，不说废话，有工具方法，通俗易懂	让零基础的招商新人快速学习书中最实用的招商技能，成长为骨干人才
	乳业营销第一书 侯军伟 著	对区域乳品企业生存发展关键性问题的梳理	唯一的区域乳业营销书，区域乳品企业一定要看
	食用油营销第一书 余盛 著	10多年油脂企业工作经验，从行业到具体实操	食用油行业第一书，当之无愧
	中国茶叶营销第一书 柏巍 著	如何跳出茶行业"大文化小产业"的困境，作者给出了自己的观察和思考	不是传统做茶的思路，而是现在商业做茶的思路
	调味品营销第一书 陈小龙 著	国内唯一一本调味品营销的书	唯一的调味品营销的书，调味品的从业者一定要看
	快消品营销人的第一本书：从入门到精通 刘雷 伯建新 著	快消行业必读书，从入门到专业	深入细致，易学易懂
	变局下的快消品营销实战策略 杨永华 著	通胀了，成本增加，如何从被动应战变成主动的"系统战"	作者对快消品行业非常熟悉、非常实战
	快消品经销商如何快速做大 杨永华 著	本书完全从实战的角度，评述现象，解析误区，揭示原理，传授方法	为转型期的经销商提供了解决思路，指出了发展方向
	一位销售经理的工作心得 蒋军 著	一线营销管理人员想提升业绩却无从下手时，可以看看这本书	一线的真实感悟
	快消品营销：一位销售经理的工作心得2 蒋军 著	快消品、食品饮料营销的经验之谈，重点图书	来源与实战的精华总结
	快消品营销与渠道管理 谭长春 著	将快消品标杆企业渠道管理的经验和方法分享出来	可口可乐、华润的一些具体的渠道管理经验，实战
	成为优秀的快消品区域经理（升级版） 伯建新 著	用"怎么办"分析区域经理的工作关键点，增加30%全新内容，更贴近环境变化	可以作为区域经理的"速成催化器"
	销售轨迹：一位快消品营销总监的拼搏之路 秦国伟 著	本书讲述了一个普通销售员打拼成为跨国企业营销总监的真实奋斗历程	激励人心，给广大销售员以力量和鼓舞

续表

分类	书名/作者	内容简介	推荐理由
快消品·食品	快消老手都在这样做：区域经理操盘锦囊 方刚 著	非常接地气，全是多年沉淀下来的干货，丰富的一线经验和实操方法不可多得	在市场摸爬滚打的"老油条"，那些独家绝招妙招一般你问都是问不来的
快消品·食品	动销四维：全程辅导与新品上市 高继中 著	从产品、渠道、促销和新品上市详细讲解提高动销的具体方法，总结作者18年的快消品行业经验，方法实操	内容全面系统，方法实操
农业	新农资如何换道超车 刘祖轲 等著	从农业产业化、互联网转型、行业营销与经营突破四个方面阐述如何让农资企业占领先机、提前布局	南方略专家告诉你如何应对资源浪费、生产效率低下、产能严重过剩、价格与价值严重扭曲等
农业	中国牧场管理实战：畜牧业、乳业必读 黄剑黎 著	本书不仅提供了来自一线的实际经验，还收入了丰富的工具文档与表单	填补空白的行业必读作品
农业	中小农业企业品牌战法 韩旭 著	将中小农业企业品牌建设的方法，从理论讲到实践，具有指导性	全面把握品牌规划，传播推广，落地执行的具体措施
农业	农资营销实战全指导 张博 著	农资如何向"深度营销"转型，从理论到实践进行系统剖析，经验资深	朴实、使用！不可多得的农资营销实战指导
农业	农产品营销第一书 胡浪球 著	从农业企业战略到市场开拓、营销、品牌、模式等	来源于实践中的思考，有启发
农业	变局下的农牧企业9大成长策略 彭志雄 著	食品安全、纵向延伸、横向联合、品牌建设……	唯一的农牧企业经营实操的书，农牧企业一定要看
医药	在中国，医药营销这样做：时代方略精选文集 段继东 主编	专注于医药营销咨询15年，将医药营销方法的精华文章合编，深入全面	可谓医药营销领域的顶尖著作，医药界读者的必读书
医药	医药新营销：制药企业、医药商业企业营销模式转型 史立臣 著	医药生产企业和商业企业在新环境下如何做营销？老方法还有没有用？如何寻找新方法？新方法怎么用？本书给你答案	内容非常现实接地气，踏实谈问题说方法
医药	医药企业转型升级战略 史立臣 著	药企转型升级有5大途径，并给出落地步骤及风险控制方法	实操性强，有作者个人经验总结及分析
医药	新医改下的医药营销与团队管理 史立臣 著	探讨新医改对医药行业的系列影响和医药团队管理	帮助理清思路，有一个框架
医药	医药营销与处方药学术推广 马宝琳 著	如何用医学策划把"平民产品"变成"明星产品"	有真货、讲真话的作者，堪称处方药营销的经典！
医药	新医改了，药店就要这样开 尚锋 著	药店经营、管理、营销全攻略	有很强的实战性和可操作性
医药	电商来了，实体药店如何突围 尚锋 著	电商崛起，药店该如何突围？本书从促销、会员服务、专业性、客单价等多重角度给出了指导方向	实战攻略，拿来就能用
医药	OTC医药代表药店销售36计 鄢圣安 著	以《三十六计》为线，写OTC医药代表向药店销售的一些技巧与策略	案例丰富，生动真实，实操性强

续表

医药	OTC医药代表药店开发与维护 鄢圣安 著	要做到一名专业的医药代表，需要做什么、准备什么、知识储备、操作技巧等	医药代表药店拜访的指导手册，手把手教你快速上手
	引爆药店成交率1：店员导购实战 范月明 著	一本书解决药店导购所有难题	情景化、真实化、实战化
	引爆药店成交率2：经营落地实战 范月明 著	最接地气的经营方法全指导	揭示了药店经营的几类关键问题
	引爆药店成交率：专业化销售解决方案（待出版） 范月明 著	药品搭配分析与关联销售	为药店人专业化助力
建材家居	建材家居营销：除了促销还能做什么 孙嘉晖 著	一线老手的深度思考，告诉你在建材家居营销模式基本停滞的今天，除了促销，营销还能怎么做	给你的想法一场革命
	建材家居营销实务 程绍珊 杨鸿贵 主编	价值营销运用到建材家居，每一步都让客户增值	有自己的系统、实战
	建材家居门店销量提升 贾同领 著	店面选址、广告投放、推广助销、空间布局、生动展示、店面运营等	门店销量提升是一个系统工程，非常系统、实战
	10步成为最棒的建材家居门店店长 徐伟泽 著	实际方法易学易用，让员工能够迅速成长，成为独当一面的好店长	只要坚持这样干，一定能成为好店长
	手把手帮建材家居导购业绩倍增：成为顶尖的门店店员 熊亚柱 著	生动的表现形式，让普通人也能成为优秀的导购员，让门店业绩长红	读着有趣，用着简单，一本在手，业绩无忧
	建材家居经销商实战42章经 王庆云 著	告诉经销商：老板怎么当、团队怎么带、生意怎么做	忠言逆耳，看着不舒服就对了，实战总结，用一招半式就值了
工业品	销售是门专业活：B2B、工业品 陆和平 著	销售流程就应该跟着客户的采购流程和关注点的变化向前推进，将一个完整的销售过程分成十个阶段，提供具体方法	销售不是请客吃饭拉关系，是个专业的活计！方法在手，走遍天下不愁
	解决方案营销实战案例 刘祖轲 著	用10个真案例讲明白什么是工业品的解决方案式营销，实战、实用	有干货，真正操作过的才能写得出来
	变局下的工业品企业7大机遇 叶敦明 著	产业链条的整合机会、盈利模式的复制机会、营销红利的机会、工业服务商转型机会……	工业品企业还可以这样做，思维大突破
	工业品市场部实战全指导 杜忠 著	工业品市场部经理工作内容全指导	系统、全面，有理论、有方法，帮助工业品市场部经理更快提升专业能力
	工业品营销管理实务 李洪道 著	中国特色工业品营销体系的全面深化、工业品营销管理体系优化升级	工具更实战，案例更鲜活，内容更深化
	工业品企业如何做品牌 张东利 著	为工业品企业提供最全面的品牌建设思路	有策略、有方法、有思路、有工具
	丁兴良讲工业4.0 丁兴良 著	没有枯燥的理论和说教，用朴实直白的语言告诉你工业4.0的全貌	工业4.0是什么？本书告诉你答案

续表

分类	书名·作者	内容/特色	读者价值
工业品	资深大客户经理：策略准，执行狠 叶敦明 著	从业务开发、发起攻势、关系培育、职业成长四个方面，详述了大客户营销的精髓	满满的全是干货
	一切为了订单：订单驱动下的工业品营销实战 唐道明 著	其实，所有的企业都在围绕着两个字在开展全部的经营和管理工作，那就是"订单"	开发订单、满足订单、扩大订单。本书全是实操方法，字字珠玑、句句干货，教你获得营销的胜利
金融	交易心理分析 (美)马克·道格拉斯 著 刘真如 译	作者一语道破赢家的思考方式，并提供了具体的训练方法	不愧是投资心理的第一书，绝对经典
	精品银行管理之道 崔海鹏 何屹 主编	中小银行转型的实战经验总结	中小银行的教材很多，实战类的书很少，可以看看
	支付战争 Eric M. Jackson 著 徐彬 王晓 译	PayPal 创业期营销官，亲身讲述 PayPal 从诞生到壮大到成功出售的整个历史	激烈、有趣的内幕商战故事！了解美国支付市场的风云巨变
	互联网时代的银行转型 韩友诚 著	以大量案例形式为读者全面展示和分析了银行的互联网金融转型应对之道	结合本土银行转型发展案例的书籍
房地产	产业园区/产业地产规划、招商、运营实战 阎立忠 著	目前中国第一本系统解读产业园区和产业地产建设运营的实战宝典	从认知、策划、招商到运营全面了解地产策划
	人文商业地产策划 戴欣明 著	城市与商业地产战略定位的关键是不可复制性，要发现独一无二的"味道"	突破千城一面的策划困局
	电影院的下一个黄金十年：开发·差异化·案例 李保煜 著	对目前电影市场存大的问题及如何解决进行了探讨与解读	多角度了解电影院运营方式及代表性案例

经营类：企业如何赚钱，如何抓机会，如何突破，如何"开源"

分类	书名·作者	内容/特色	读者价值
抓方向	让经营回归简单．升级版 宋新宇 著	化繁为简抓住经营本质：战略、客户、产品、员工、成长	经典，做企业就这几个关键点！
	混沌与秩序Ⅰ：变革时代企业领先之道 混沌与秩序Ⅱ：变革时代管理新思维 彭剑锋 尚艳玲 主编	汇集华夏基石专家团队10年来研究成果，集中选择了其中的精华文章编纂成册	作者都是既有深厚理论积淀又有实践经验的重磅专家，为中国企业和企业家的未来提出了高屋建瓴的观点
	活系统：跟任正非学当老板 孙行健 尹贤 著	以任正非的独到视角，教企业老板如何经营公司	看透公司经营本质，激活企业活力
	公司由小到大要过哪些坎 卢强 著	老板手里的一张"企业成长路线图"	现在我在哪儿，未来还要走哪些路，都清楚了
	企业二次创业成功路线图 夏惊鸣 著	企业曾经抓住机会成功了，但下一步该怎么办？	企业怎样获得第二次成功，心里有个大框架了
	老板经理人双赢之道 陈明 著	经理人怎养选平台、怎么开局，老板怎选/育/用/留	老板生闷气，经理人牢骚大，这次知道该怎么办了
	简单思考：AMT咨询创始人自述 孔祥云 著	著名咨询公司(AMT)的CEO创业历程中点点滴滴的经验与思考	每一位咨询人，每一位创业者和管理经营者，都值得一读
	企业文化的逻辑 王祥伍 黄健江 著	为什么企业绩效如此不同，解开绩效背后的文化密码	少有的深刻，有品质，读起来很流畅
	使命驱动企业成长 高可为 著	钱能让一个人今天努力，使命能让一群人长期努力	对于想做事业的人，'使命'是绕不过去的

续表

	书名·作者	内容/特色	读者价值
思维突破	移动互联新玩法:未来商业的格局和趋势 史贤龙 著	传统商业、电商、移动互联,三个世界并存,这种新格局的玩法一定要懂	看清热点的本质,把握行业先机,一本书搞定移动互联网
	画出公司的互联网进化路线图:用互联网思维重塑产品、客户和价值 李 蓓 著	18个问题帮助企业一步步梳理出互联网转型思路	思路清晰、案例丰富,非常有启发性
	重生战略:移动互联网和大数据时代的转型法则 沈 拓 著	在移动互联网和大数据时代,传统企业转型如同生命体打算与再造,称之为"重生战略"	帮助企业认清移动互联网环境下的变化和应对之道
	创造增量市场:传统企业互联网转型之道 刘红明 著	传统企业需要用互联网思维去创造增量,而不是用电子商务去转移传统业务的存量	教你怎么在"互联网+"的海洋中创造实实在在的增量
	7个转变,让公司3年胜出 李 蓓 著	消费者主权时代,企业该怎么办	这就是互联网思维,老板有能这样想,肯定倒不了
	跳出同质思维,从跟随到领先 郭 剑 著	66个精彩案例剖析,帮助老板突破行业长期思维惯性	做企业竟然有这么多玩法,开眼界
	麻烦就是需求 难题就是商机 卢根鑫 著	如何借助客户的眼睛发现商机	什么是真商机,怎么判断、怎么抓,有借鉴
	互联网+"变"与"不变":本土管理实践与创新论坛集萃·2016 本土管理实践与创新论坛 著	加速本土管理思想的孕育诞生,促进本土管理创新成果更好地服务企业、贡献社会	各个作者本年度最新思想,帮助读者拓宽眼界、突破思维
财务	写给企业家的公司与家庭财务规划——从创业成功到富足退休 周荣辉 著	本书以企业的发展周期为主线,写各阶段企业与企业主家庭的财务规划	为读者处理人生各阶段企业与家庭的财务问题提供建议及方法,让家庭成员真正享受财富带来的益处
	互联网时代的成本观 程 翔 著	本书结合互联网时代提出了成本的多维观,揭示了多维组合成本的互联网精神和大数据特征,论述了其产生背景、实现思路和应用价值	在传统成本观下为盈利的业务,在新环境下也许就成为亏损业务。帮助管理者从新的角度来看待成本,进一步做好精益管理

管理类:效率如何提升,如何实现经营目标,如何"节流"

	书名·作者	内容/特色	读者价值
通用管理	1. 让管理回归简单. 升级版 2. 让经营回归简单. 升级版 3. 让用人回归简单 宋新宇 著	宋博士的"简单"三部曲,影响20万读者,非常经典	被读者热情地称作"中小企业的管理圣经"
	管理:以规则驾驭人性 王春强 著	详细解读企业规则的制定方法	从人与人博弈角度提升管理的有效性
	员工心理学超级漫画版 邢 雷 著	以漫画的形式深度剖析员工心理	帮助管理者更了解员工,从而更轻松地管理员工

续表

分类	书名/作者	内容简介	推荐理由
通用管理	分股合心：股权激励这样做 段磊　周剑　著	通过丰富的案例，详细介绍了股权激励的知识和实行方法	内容丰富全面、易读易懂，了解股权激励，有这一本就够了
	边干边学做老板 黄中强　著	创业20多年的老板，有经验、能写、又愿意分享，这样的书很少	处处共鸣，帮助中小企业老板少走弯路
	中国式阿米巴落地实践之从交付到交易 胡八一　著	本书主要讲述阿米巴经营会计，"从交付到交易"，这是成功实施了阿米巴的标志	阿米巴经营会计的工作是有逻辑关联的，一本书就能搞定
	中国式阿米巴落地实践之激活组织 胡八一　著	重点讲解如何科学划分阿米巴单元，阐述划分的实操要领、思路、方法、技术与工具	最大限度减少"推行风险"和"摸索成本"，利于公司成功搭建适合自身的个性化阿米巴经营体系
	集团化企业阿米巴实战案例 初勇钢　著	一家集团化企业阿米巴实施案例	指导集团化企业系统实施阿米巴
	阿米巴经营的中国模式 李志华　著	让员工从"要我干"到"我要干"，价值量化出来	阿米巴在企业如何落地，明白思路了
	欧博心法：好管理靠修行 曾伟　著	用佛家的智慧，深刻剖析管理问题，见解独到	如果真的有'中国式管理'，曾老师是其中标志性人物
流程管理	1. 用流程解放管理者 2. 用流程解放管理者2 张国祥　著	中小企业阅读的流程管理、企业规范化的书	通俗易懂，理论和实践的结合恰到好处
	跟我们学建流程体系 陈立云　著	畅销书《跟我们学做流程管理》系列，更实操，更细致，更深入	更多地分享实践，分享感悟，从实践总结出来的方法论
质量管理	IATF16949质量管理体系详解与案例文件汇编：TS16949转版IATF16949:2016 谭洪华　著	针对IATF的新标准做了详细的解说，同时指出了一些推行中容易犯的错误，提供了大量的表单、案例	案例、表单丰富，拿来就用
	五大质量工具详解及运用案例：APQP/FMEA/PPAP/MSA/SPC 谭洪华　著	对制造业必备的五大质量工具中每个文件的制作要求、注意事项、制作流程、成功案例等进行了解读	通俗易懂，简便易行，能真正实现学以致用
	1. ISO9001:2015新版质量管理体系详解与案例文件汇编 2. ISO14001:2015新版环境管理体系详解与案例文件汇编 谭洪华　著	紧密围绕2015新版，逐条详细解读，工具也可以直接套用，易学易上手	企业认证、内审必备
战略落地	重生——中国企业的战略转型 施炜　著	从前瞻和适用的角度，对中国企业战略转型的方向、路径及策略性举措提出了一些概要性的建议和意见	对企业有战略指导意义
	公司大了怎么管：从靠英雄到靠组织 AMT 金国华　著	第一次详尽阐释中国快速成长型企业的特点、问题及解决之道	帮助快速成长型企业领导及管理团队理清思路，突破瓶颈
	低效会议怎么改：每年节省一半会议成本的秘密 AMT 王玉荣　著	教你如何系统规划公司的各级会议，一本工具书	教会你科学管理会议的办法
	年初订计划，年尾有结果：战略落地七步成诗 AMT 郭晓　著	7个步骤教你怎么让公司制定的战略转变为行动	系统规划，有效指导计划实现

续表

分类	书名/作者	简介	评价
人力资源	HRBP是这样炼成的之"菜鸟起飞" 新海 著	以小说的形式,具体解析HRBP的职责,应该如何操作,如何为业务服务	实践者的经验分享,内容实务具体,形式有趣
	HRBP是这样炼成的之中级修炼 新海 著	本书以案例故事的方式,介绍了HRBP在实际工作中碰到的问题和挑战	书中的HR解决方案讲究因时因地制宜、简单有效的原则,重在启发读者思路,可供各类企业HRBP借鉴
	回归本源看绩效 孙波 著	让绩效回顾"改进工具"的本源,真正为企业所用	确实是来源于实践的思考,有共鸣
	世界500强资深培训经理人教你做培训管理 陈锐 著	从7大角度具体细致地讲解了培训管理的核心内容	专业、实用、接地气
	曹子祥教你做激励性薪酬设计 曹子祥 著	以激励性为指导,系统性地介绍了薪酬体系及关键岗位的薪酬设计模式	深入浅出,一本书学会薪酬设计
	曹子祥教你做绩效管理 曹子祥 著	复杂的理论通俗化,专业的知识简单化,企业绩效管理共性问题的解决方案	轻松掌握绩效管理
	把招聘做到极致 远鸣 著	作为世界500强高级招聘经理,作者数十年招聘经验的总结分享	带来职场思考境界的提升和具体招聘方法的学习
	人才评价中心·超级漫画版 邢雷 著	专业的主题,漫画的形式,只此一本	没想到一本专业的书,能写成这效果
	走出薪酬管理误区 全怀周 著	剖析薪酬管理的8大误区,真正发挥好枢纽作用	值得企业深读的实用教案
	集团化人力资源管理实践 李小勇 著	对搭建集团化的企业很有帮助,务实,实用	最大的亮点不是理论,而是结合实际的深入剖析
	我的人力资源咨询笔记 张伟 著	管理咨询师的视角,思考企业的HR管理	通过咨询师的眼睛对比很多企业,有启发
	本土化人力资源管理8大思维 周剑 著	成熟HR理论,在本土中小企业实践中的探索和思考	对企业的现实困境有真切体会,有启发
企业文化	36个拿来就用的企业文化建设工具 海融心胜 主编	数十个工具,为了方便拿来就用,每一个工具都严格按照工具属性、操作方法、案例解读划分,实用、好用	企业文化工作者的案头必备书,方法都在里面,简单易操作
	华夏基石方法:企业文化落地本土实践 王祥伍 谭俊峰 著	十年积累、原创方法、一线资料,和盘托出	在文化落地方面真正有洞察,有实操价值的书
	企业文化的逻辑 王祥伍 著	为什么企业之间如此不同,解开绩效背后的文化密码	少有的深刻,有品质,读起来很流畅
	企业文化激活沟通 宋杼宸 安琪 著	透过新任HR总经理的眼睛,揭示出沟通与企业文化的关系	有实际指导作用的文化落地读本
	在组织中绽放自我:从专业化到职业化 朱仁健 王祥伍 著	个人如何融入组织,组织如何助力个人成长	帮助企业员工快速认同并投入到组织中去,为企业发展贡献力量
	企业文化定位·落地一本通 王明胤 著	把高深枯燥的专业理论创建成一套系统化、实操化、简单化的企业文化缔造方法	对企业文化不了解,不会做? 有这一本从概念到实操,就够了

续表

生产管理	精益思维：中国精益如何落地 刘承元　著	笔者二十余年企业经营和咨询管理的经验总结	中国企业需要灵活运用精益思维，推动经营要素与管理机制的有机结合，推动企业管理向前发展
	300张现场图看懂精益5S管理 乐　涛　编著	5S现场实操详解	案例图解，易懂易学
	高员工流失率下的精益生产 余伟辉　著	中国的精益生产必须面对和解决高员工流失率问题	确实来源于本土的工厂车间，很务实
	车间人员管理那些事儿 岑立聪　著	车间人员管理中处理各种"疑难杂症"的经验和方法	基层车间管理者最闹心、头疼的事，'打包'解决
	1. 欧博心法：好管理靠修行 2. 欧博心法：好工厂这样管 曾　伟　著	他是本土最大的制造业管理咨询机构创始人，他从400多个项目、上万家企业实践中锤炼出的欧博心法	中小制造型企业，一定会有很强的共鸣
	欧博工厂案例1：生产计划管控对话录 欧博工厂案例2：品质技术改善对话录 欧博工厂案例3：员工执行力提升对话录 曾　伟　著	最典型的问题、最详尽的解析，工厂管理9大问题27个经典案例	没想到说得这么细，超出想象，案例很典型，照搬都可以了
	工厂管理实战工具 欧博企管　编著	以传统文化为核心的管理工具	适合中国工厂
	苦中得乐：管理者的第一堂必修课 曾　伟　编著	曾伟与师傅大愿法师的对话，佛学与管理实践的碰撞，管理禅的修行之道	用佛学最高智慧看透管理
	比日本工厂更高效1：管理提升无极限 刘承元　著	指出制造型企业管理的六大积弊；颠覆流行的错误认知；掌握精益管理的精髓	每一个企业都有自己不同的问题，管理没有一剑封喉的秘笈，要从现场、现物、现实出发
	比日本工厂更高效2：超强经营力 刘承元　著	企业要获得持续盈利，就要开源和节流，即实现销售最大化，费用最小化	掌握提升工厂效率的全新方法
	比日本工厂更高效3：精益改善力的成功实践 刘承元　著	工厂全面改善系统有其独特的目的取向特征，着眼于企业经营体质（持续竞争力）的建设与提升	用持续改善力来飞速提升工厂的效率，高效率能够带来意想不到的高效益
	3A顾问精益实践1：IE与效率提升 党新民　苏迎斌　蓝旭日　著	系统的阐述了IE技术的来龙去脉以及操作方法	使员工与企业持续获利
	3A顾问精益实践2：JIT与精益改善 肖志军　党新民　著	只在需要的时候，按需要的量，生产所需的产品	提升工厂效率
员工素质提升	TTT培训师精进三部曲（上）：深度改善现场培训效果 TTT培训师精进三部曲（中）：构建最有价值的课程内容 TTT培训师精进三部曲（下）：职业功力沉淀与修为提升 廖信琳　著	从内到外全方位指导企业内训师从专业到卓越	成为优秀企业内训师/培训师的案头必备书籍

续表

	书名·作者	内容/特色	读者价值
员工素质提升	手把手教你做专业督导：专卖店、连锁店 熊亚柱 著	从督导的职能、作用，在工作中需要的专业技能、方法，都提供了详细的解读和训练办法，同时附有大量的表单工具	无论是店铺需要统一培训，还是个人想成为优秀的督导，有这一本就够了
	跟老板"偷师"学创业 吴江萍 余晓雷 著	边学边干，边观察边成长，你也可以当老板	不同于其他类型的创业书，让你在工作中积累创业经验，一举成功
	销售轨迹：一位快消品营销总监的拼搏之路 秦国伟 著	本书讲述了一个普通销售员打拼成为跨国企业营销总监的真实奋斗历程	激励人心，给广大销售员以力量和鼓舞
	在组织中绽放自我：从专业化到职业化 朱仁健 王祥伍 著	个人如何融入组织，组织如何助力个人成长	帮助企业员工快速认同并投入到组织中去，为企业发展贡献力量
	企业员工弟子规：用心做小事，成就大事业 贾同领 著	从传统文化《弟子规》中学习企业中为人处事的办法，从自身做起	点滴小事，修养自身，从自身的改善得到事业的提升
	手把手教你做顶尖企业内训师：TTT培训师宝典 熊亚柱 著	从课程研发到现场把控、个人提升都有涉及，易读易懂，内容丰富全面	想要做企业内训师的员工有福了，本书教你如何抓住关键，从入门到精通

营销类：把客户需求融入企业各环节，提供"客户认为"有价值的东西

	书名·作者	内容/特色	读者价值
营销模式	精品营销战略 杜建君 著	以精品理念为核心的精益战略和营销策略	用精品思维赢得高端市场
	变局下的营销模式升级 程绍珊 叶宁 著	客户驱动模式、技术驱动模式、资源驱动模式	很多行业的营销模式被颠覆，调整的思路有了！
	卖轮子 科克斯【美】	小说版的营销学！营销理念巧妙贯穿其中，贵在既有趣，又有深度	经典、有趣！一个故事读懂营销精髓
	动销操盘：节奏掌控与社群时代新战法 朱志明 著	在社群时代把握好产品生产销售的节奏，解析动销的症结，寻找动销的规律与方法	都是易读易懂的干货！对动销方法的全面解析和操盘
	弱势品牌如何做营销 李政权 著	中小企业虽有品牌但没名气，营销照样能做的有声有色	没有丰富的实操经验，写不出这么具体、详实的案例和步骤，很有启发
	老板如何管营销 史贤龙 著	高段位营销16招，好学好用	老板能看，营销人也能看
	洞察人性的营销战术：沈坤教你28式 沈坤 著	28个匪夷所思的营销怪招令人拍案叫绝，涉及商业竞争的方方面面，大部分战术可以直接应用到企业营销中	各种谋略得益于作者的横向思维方式，将其操作过的案例结合其中，提供的战术对读者有参考价值
	动销：产品是如何畅销起来的 吴江萍 余晓雷 著	真真切切告诉你，产品究竟怎么才能卖出去	击中痛点，提供方法，你值得拥有
销售	资深大客户经理：策略准，执行狠 叶敦明 著	从业务开发、发起攻势、关系培育、职业成长四个方面，详述了大客户营销的精髓	满满的全是干货

续表

销售	成为资深的销售经理：B2B、工业品 陆和平 著	围绕"销售管理的六个关键控制点"一一展开，提供销售管理的专业、高效方法	方法和技术接地气，拿来就用，从销售员成长为经理不再犯难
	销售是门专业活：B2B、工业品 陆和平 著	销售流程就应该跟着客户的采购流程和关注点的变化向前推进，将一个完整的销售过程分成十个阶段，提供具体方法	销售不是请客吃饭拉关系，是个专业的活计！方法在手，走遍天下不愁
	向高层销售：与决策者有效打交道 贺兵一 著	一套完整有效的销售策略	有工具，有方法，有案例，通俗易懂
	卖轮子 科克斯【美】	小说版的营销学！营销理念巧妙贯穿其中，贵在既有趣，又有深度	经典、有趣！一个故事读懂营销精髓
	学话术 卖产品 张小虎 著	分析常见的顾客异议，将优秀的话术模块化	让普通导购员也能成为销售精英
组织和团队	升级你的营销组织 程绍珊 吴越舟 著	用"有机性"的营销组织替代"营销能人"，营销团队变成"铁营盘"	营销队伍最难管，程老师不愧是营销第1操盘手，步骤方法都很成熟
	用数字解放营销人 黄润霖 著	通过量化帮助营销人员提高工作效率	作者很用心，很好的常备工具书
	成为优秀的快消品区域经理（升级版） 伯建新 著	用"怎么办"分析区域经理的工作关键点，增加30%全新内容，更贴近环境变化	可以作为区域经理的"速成催化器"
	成为资深的销售经理：B2B、工业品 陆和平 著	围绕"销售管理的六个关键控制点"一一展开，提供销售管理的专业、高效方法	方法和技术接地气，拿来就用，从销售员成长为经理不再犯难
	一位销售经理的工作心得 蒋 军 著	一线营销管理人员想提升业绩却无从下手时，可以看看这本书	一线的真实感悟
	快消品营销：一位销售经理的工作心得2 蒋 军 著	快消品、食品饮料营销的经验之谈，重点突出	来源于实战的精华总结
	销售轨迹：一位快消品营销总监的拼搏之路 秦国伟 著	本书讲述了一个普通销售员打拼成为跨国企业营销总监的真实奋斗历程	激励人心，给广大销售员以力量和鼓舞
	用营销计划锁定胜局：用数字解放营销人2 黄润霖 著	全方位教你怎么做好营销计划，好学好用真简单	照搬套用就行，做营销计划再也不头痛
	快消品营销人的第一本书：从入门到精通 刘 雷 伯建新 著	快消行业必读书，从入门到专业	深入细致，易学易懂
产品	新产品开发管理，就用IPD 郭富才 著	10年IPD研发管理咨询总结，国内首部IPD专业著作	一本书掌握IPD管理精髓
	资深项目经理这样做新产品开发管理 秦海林 著	以IPD为思想，系统讲解新产品开管理的细节	提供管理思路和实用工具
	产品炼金术Ⅰ：如何打造畅销产品 史贤龙 著	满足不同阶段、不同体量、不同行业企业对产品的完整需求	必须具备的思维和方法，避免在产品问题上走弯路
	产品炼金术Ⅱ：如何用产品驱动企业成长 史贤龙 著	做好产品、关注产品的品质，就是企业成功的第一步	必须具备的思维和方法，避免在产品问题上走弯路

续表

	书名·作者	内容/特色	读者价值
品牌	中小企业如何建品牌 梁小平 著	中小企业建品牌的入门读本,通俗、易懂	对建品牌有了一个整体框架
	采纳方法:破解本土营销8大难题 朱玉童 编著	全面、系统、案例丰富、图文并茂	希望在品牌营销方面有所突破的人,应该看看
	中国品牌营销十三战法 朱玉童 编著	采纳20年来的品牌策划方法,同时配有大量的案例	众包方式写作,丰富案例给人启发,极具价值
	今后这样做品牌:移动互联时代的品牌营销策略 蒋军 著	与移动互联紧密结合,告诉你老方法还能不能用,新方法怎么用	今后这样做品牌就对了
	中小企业如何打造区域强势品牌 吴之 著	帮助区域的中小企业打造自身品牌,如何在强壮自身的基础上往外拓展	梳理误区,系统思考品牌问题,切实符合中小区域品牌的自身特点进行阐述
渠道通路	快消品营销与渠道管理 谭长春 著	将快消品标杆企业渠道管理的经验和方法分享出来	可口可乐、华润的一些具体的渠道管理经验,实战
	传统行业如何用网络拿订单 张进 著	给老板看的第一本网络营销书	适合不懂网络技术的经营决策者看
	采纳方法:化解渠道冲突 朱玉童 编著	系统剖析渠道冲突,21个渠道冲突案例、情景式讲解,37篇讲义	系统、全面
	学话术 卖产品 张小虎 著	分析常见的顾客异议,将优秀的话术模块化	让普通导购员也能成为销售精英
	向高层销售:与决策者有效打交道 贺兵一 著	一套完整有效的销售策略	有工具,有方法,有案例,通俗易懂
	通路精耕操作全解:快消品20年实战精华 周俊 陈小龙 著	通路精耕的详细全解,每一步的具体操作方法和表单全部无保留提供	康师傅二十年的经验和精华,实践证明的最有效方法,教你如何主宰通路

管理者读的文史哲·生活

	书名·作者	内容/特色	读者价值
思想·文化	德鲁克管理思想解读 罗珉 著	用独特视角和研究方法,对德鲁克的管理理论进行了深度解读与剖析	不仅是摘引和粗浅分析,还是作者多年深入研究的成果,非常可贵
	德鲁克与他的论敌们:马斯洛、戴明、彼得斯 罗珉 著	几位大师之间的论战和思想碰撞令人受益匪浅	对大师们的观点和著作进行了大量的理论加工,去伪存真、去粗取精,同时有自己独特的体系深度
	德鲁克管理学 张远凤 著	本书以德鲁克管理思想的发展为线索,从一个侧面展示了20世纪管理学的发展历程	通俗易懂,脉络清晰
	自我与世界:以问题为中心的现象学运动研究 陈立胜 著	以问题为中心,对现象学运动中的"意向性""自我""他人""身体"及"世界"等核心议题之思想史背景与内在发展理路进行深入细致的分析	深入了解现象学中的几个主要问题

续表

思想·文化	作为身体哲学的中国古代哲学 张再林 著	上篇为中国古代身体哲学理论体系奠基性部分,下篇对由"上篇"所开出的中国身体哲学理论体系的进一步的阐发和拓展	了解什么是真正原生态意义上的中国哲学,把中国传统哲学与西方传统哲学加以严格区别
	中西哲学的歧异与会通 张再林 著	本书以一种现代解释学的方法,对中国传统哲学内在本质尝试一种全新的和全方位的解读	发掘出掩埋在古老传统形式下的现代特质和活的生命,在此基础上揭示中西哲学"你中有我,我中有你"之旨
	治论:中国古代管理思想 张再林 著	本书主要从儒、法墨三家阐述中国古代管理思想	看人本主义的管理理论如何不留斧痕地克服似乎无法调解的存在于人类社会行为与社会组织中的种种两难和对立
	中国古代政治制度(修订版)上:皇帝制度与中央政府(待出版) 刘文瑞 著	全面论证了古代皇帝制度的形成和演变的历程	有助于读者从政治制度角度了解中国国情的历史渊源
	中国古代政治制度(修订版)下:地方体制与官僚制度(待出版) 刘文瑞 著	全面论证了古代地方政府的发展演变过程	有助于读者从政治制度角度了解中国国情的历史渊源
	通天彻地,九大法则:《尚书·洪范》讲记 史幼波 著	精析"洪范九畴"这一中华传统政治哲学的理论基础	寓渊深义理于通俗口语之中,使现代人也能一睹中华文化原典之精湛奥义
	史幼波大学讲记 史幼波 著	用儒释道的观点阐释大学的深刻思想	一本书读懂传统文化经典
	史幼波《周子通书》《太极图说》讲记 史幼波 著	把形而上的宇宙、天地,与形而下的社会、人生、经济、文化等融合在一起	将儒家的一整套学修系统融合起来
	史幼波中庸讲记(上下册) 史幼波 著	全面、深入浅出地揭示儒家中庸文化的真谛	儒释道三家思想融会贯通
	中国思想文化十八讲(修订版)(待出版) 张茂泽 著	中国古代的宗教思想文化,如对祖先崇拜、儒家天命观、中国古代关于"神"的讨论等	宗教文化和人生信仰或信念紧密相联,在文化转型时期学习和研究中国宗教文化就有特别的现实意义
	每个中国人身上的春秋基因 史贤龙 著	春秋368年(公元前770-公元前403年),每一个中国人都可以在这段时期的历史中找到自己的祖先,看到真实发生的事件,同时也看到自己	长情商、识人心
	内功太极拳训练教程 王铁仁 编著	杨式(内功)太极拳(俗称老六路)的详细介绍及具体修炼方法,身心的一次升华	书中含有大量图解并有相关视频供读者同步学习
	中医治心脏病 马宝琳 著	引用众多真实案例,客观真实地讲述了中西医对于心脏病的认识及治疗方法	看完这本书,能为您节约10万元医药费